U1015103

品牌传情

脱胎换骨的营销艺术

张计划 著

中国经济出版社
CHINA ECONOMIC PUBLISHING HOUSE
·北京·

图书在版编目（CIP）数据

品牌传情：脱胎换骨的营销艺术 / 张计划著. --
北京：中国经济出版社，2023.7
ISBN 978 - 7 - 5136 - 7403 - 4

Ⅰ. ①品… Ⅱ. ①张… Ⅲ. ①品牌营销 Ⅳ.
① F713.3

中国国家版本馆 CIP 数据核字（2023）第 138454 号

策划编辑 姜 静
责任编辑 孙晓霞 马伊宁
责任印制 马小宾
封面设计 任燕飞工作室

出版发行 中国经济出版社
印 刷 者 北京富泰印刷有限责任公司
经 销 者 各地新华书店
开 本 710mm × 1000mm 1/16
印 张 14.25
字 数 223 千字
版 次 2023 年 7 月第 1 版
印 次 2023 年 7 月第 1 次
定 价 78.00 元
广告经营许可证 京西工商广字第 8179 号

中国经济出版社 **网址** www. economyph. com **社址** 北京市东城区安定门外大街 58 号 **邮编** 100011
本版图书如存在印装质量问题，请与本社销售中心联系调换（联系电话：010–57512564）

目 录
CONTENTS

上篇 品牌传情的理念

导 言 人非草木，孰能无情? / 001

第 1 章 情为何物 / 005

1.1 让生命有意义的是“情” / 005

故事：动人短片《啥是佩奇》/ 006

案例：可口可乐远超一瓶汽水 / 008

1.2 人与人之间的感情 / 013

故事：最美情书《与妻书》/ 013

故事：泰坦尼克的爱情神话 / 015

1.3 人与其他事物间的感情 / 016

故事：催泪电影忠犬八公 / 017

案例：方太，一场温情告别 / 019

1.4 人与品牌之间的感情 / 021

案例：劲酒虽好，不要贪杯 / 022

案例：美的，亲情让生活更美 / 024

1.5 健康的感情需要双向奔赴 / 027

故事：沈园里有“断肠人”/ 028

案例：三九感冒灵，让世界更有爱 / 030

第 2 章　为何传情 / 033

2.1　人绝非一台理性机器 / 034

案例：LV，生命本身就是一场旅行 / 035

案例：海尔，“不新鲜”背后的亲情 / 038

2.2　拟人化让品牌更灵动 / 039

案例：古灵精怪迪士尼 / 040

案例：踢不烂，大黄靴的告白 / 045

2.3　爱屋及乌的晕轮效应 / 050

案例：哈雷从摩托到周边 / 050

案例：维珍，跨界嬉皮士 / 054

2.4　品牌的顶点是信仰 / 057

案例：耐克，活出你的伟大 / 057

案例：网易云音乐，与灵魂对话 / 063

第 3 章　传何种情 / 068

3.1　温暖的亲情 / 068

案例：美团，暖心快送 / 068

案例：丰田，父爱的注视 / 074

3.2　浪漫的爱情 / 076

案例：德芙，为爱而生 / 076

案例：DR，用一生爱一人 / 081

3.3　纯真的友情 / 084

故事：一生知己《绝交书》/ 084

案例：文艺青年江小白 / 085

3.4　挑战的激情 / 090

案例：红牛，挑战不可能 / 091

案例：大众银行，追梦不论年龄 / 095

3.5 悲悯的大爱 / 100
案例：宜家，造福人类不停步 / 101
案例：阿尔山，小设计大爱心 / 105
第 4 章 如何传情 / 107
4.1 特立独行剑走偏锋 / 107
案例：网易严选，不必看的广告 / 108
案例：珀莱雅，挑战“性别偏见” / 111
4.2 锁定某种美好事物 / 113
案例：依云，婴儿样的活力 / 114
案例：花西子，东方彩妆 / 116
4.3 讲好故事 / 118
故事：庐山恋，不是广告胜似广告 / 118
案例：茅台的巴拿马往事 / 121
4.4 表达观念 / 124
案例：宝矿力，青春自会飞翔 / 124
案例：SK-Ⅱ，女性价值与婚姻无关 / 126
4.5 创造梦境 / 130
案例：南方黑芝麻糊，回到童年的梦 / 131
案例：爱彼迎，山海间人情里 / 134
4.6 充当信物 / 137
案例：百事可乐，把乐带回家 / 138
案例：益达关爱牙齿，更关心你 / 140
4.7 代入情境 / 143
案例：士力架，变身的快乐 / 144
案例：RIO，一个人微醺 / 146

下篇 品牌传情的案例

第 5 章　万宝路的铁汉柔情 / 153
5.1　西部拓荒成就牛仔传奇 / 153
5.2　文艺作品助推牛仔神话 / 154
5.3　传奇总统力倡牛仔精神 / 156
5.4　旧万宝路困于女性定位 / 159
5.5　传奇大师贡献神来之笔 / 160
第 6 章　苹果：改变世界的梦想家 / 163
6.1　跌宕起伏的发展之路 / 163
6.2　张扬理想的经营观念 / 165
6.3　重视体验的销售策略 / 166
6.4　卓尔不凡的广告格调 / 169
6.5　创意十足的广告作品 / 171
第 7 章　褚橙的魅力来自何处 / 174
7.1　褚时健不服输的人生 / 174
7.2　初心不改用心栽褚橙 / 175
7.3　最高级的营销是讲故事 / 176
7.4　动人心弦靠的是精神 / 177
第 8 章　孤胆英雄是华为 / 179
8.1　人生磨难成财富 / 179
8.2　雄心万丈创基业 / 180
8.3　不遗余力做研发 / 182
8.4　愈挫愈勇扬斗志 / 183
8.5　真情广告添虎翼 / 184
第 9 章　农夫山泉有点甜 / 188
9.1　前瞻布局抢占先机 / 188

9.2 品牌主打纯净天然 / 189
9.3 包装简洁精致走心 / 190
9.4 挖掘员工感人故事 / 192
9.5 创意广告制作精美 / 193

第 10 章 B 站昵称“小破站” / 195
10.1 “跨年晚会”成黑马 / 195
10.2 前浪对后浪点赞 / 196
10.3 毕业入海做浪花 / 198
10.4 男女老少喜相逢 / 199
10.5 热血少年节日宣言 / 199

第 11 章 海底捞：亲人般的服务 / 201
11.1 摸爬滚打学创业 / 201
11.2 顾客需求即命令 / 202
11.3 人性管理稳人心 / 203
11.4 公平氛围留人心 / 205
11.5 开疆拓土遇挑战 / 206

第 12 章 零售旗帜“胖东来” / 207
12.1 创始人创业顿悟 / 207
12.2 开新局“利他经营” / 208
12.3 用真情服务顾客 / 209
12.4 用真心关爱员工 / 212
12.5 全力推“能干会玩” / 214
12.6 关注在“完整的人” / 216

参考文献 / 217

导 言

人非草木，孰能无情？

对人来说，感情是生来就有的，并深深嵌入了我们的基因。

心理学研究的行为主义学派认为：儿童完全是环境的产物，其性格是在父母等社会外力下成型的。母亲的溺爱对孩子的性格养成不利，比如一哭就抱、一饿就喂等。但是其后的研究驳斥了上述观点：首先婴儿是一个希望被爱的鲜活生命，必须得到妈妈的爱和高品质陪伴，才可能获得心理健康和被守护的信心，并最终形成良好的共情和社交能力。研究证明：母婴之间的这种依恋关系，不仅可以扩展到更多人，而且可以扩展到另外一些生命体和非生命体，比如品牌。

人与机器人最大的区别，就是人天生有需求、欲望和感情，而机器人只会执行指令。如果不是人设置和编辑代码，机器人既不会有下棋的欲望，也不会有下棋的理想，更没有驱动它下棋的喜怒哀乐。因此，如果没有情感及欲望，人就会失去行动和奋斗的动机。

各个时代有不同的思潮，人的想法和观念也有所不同，但是人性是亘古不变的，从这个角度来看，古人和现代人大同小异。从有文字记载的历史来看，人性变化不大，比如“人心都是肉长的”“人间自有真情在”这些说法。动物大多靠着本能生活，而人会去追寻生命的意义，懂得珍惜和留恋。

人性化时代，企业应该具有以下特征：一是具有倾听的能力；二是具备乐于助人的精神；三是注重合作；四是本土化且个人化；五是对普通大众和自己的客户而言具有吸引力；六是简化结构，从而体现透明度；七是用实际行动表达自我，而非广告。

众所周知，广告受众都是普普通通、有着七情六欲的饮食男女，因此诉诸情感创作出的广告往往能够打动人心。百达翡丽腕表的广告语“没人能拥有百达翡丽，只不过为下一代保管而已”，用朴素的语言来表现亲情传递，表达了品牌不仅独特、卓越与奢华，而且耐用、恒久与延续，体现了品牌传奇的工艺与可信度，以及对现在及未来主人的忠诚，成为奢侈品最杰出的广告之一。

上篇　品牌传情的理念

005 ◎ 第 1 章　情为何物
033 ◎ 第 2 章　为何传情
068 ◎ 第 3 章　传何种情
107 ◎ 第 4 章　如何传情

人是感情动物，都希望爱与被爱，向往美满生活，希望被关心、被尊重、被理解等。在马斯洛的需要层次论中，有 3 项指向心理和精神的需要，即社交需要、获得尊重的需要、自我实现的需要，甚至安全需求也有相当的心理成分。

品牌就是针对这些心理和精神的需要而设，世界级的大品牌在传播过程中都非常重视心理和精神的需要。伟大品牌好比一个鲜活的生命体，代表了某种风格、魅力或梦想，这一点在本书中得到了全面而深入的印证。百事可乐从青少年入手，投其所好，大力展现时尚、新潮、青春、活力的文化，非常符合青少年群体的心理特点，即符合他们的信念、价值观和审美观；然后通过一系列高超的品牌运作，在青少年群体中广受欢迎，将本质上的汽水销售转化为文化销售，因此跻身世界一流品牌。

今天，人们的物质生活日益丰富，但情感和精神生活却进步不大，有些人在快节奏的环境中学习、工作、生活，以致心理压力增大、情感失重、精神生活相对匮乏。因此人们渴望一些触动人心的品牌，通过消费一些感性化产品来满足情感和心理需要。

第 1 章　情为何物

元代文学家元好问（1190—1257）去并州参加考试，路上遇见捕雁者射死了一只雁，另一只雁原本已逃脱，见自己的同伴被杀，“悲鸣不能去，竟自投于地而死”。元好问深受触动，随即买下两只雁，“葬之汾水之上，累石为识，号曰‘雁丘’”。事后他久久不能平复心情，遂挥笔写了一首《雁丘词》，流传至今，不知感动了多少多情男女。

问世间，情是何物，直教生死相许？
天南地北双飞客，老翅几回寒暑。
欢乐趣，离别苦，就中更有痴儿女。
君应有语：渺万里层云，千山暮雪，只影向谁去？
横汾路，寂寞当年箫鼓，荒烟依旧平楚。
招魂楚些何嗟及，山鬼暗啼风雨。
天也妒，未信与，莺儿燕子俱黄土。
千秋万古，为留待骚人，狂歌痛饮，来访雁丘处。

1.1　让生命有意义的是“情”

一个人的成就感可能来源于事业和财富，但幸福感则一定来源于精神和情感。爱就像一束束光，照亮被遗忘的黑暗角落。人一生中都不可避免要动情、用情，既可以是友情，也可以是亲情。每个人生活中都需要友情，虽然能交心、共患难的朋友可能不多，但却是我们精神的支撑。亲情使人担负着责任与义务，时而美好，时而悲伤，我们必须学会接受。

爱情则仅限一人，不能与他人分享，一旦有变，则天翻地覆。爱上一个人，你会发现人世间原来如此美好，曾经不喜欢的人、不喜欢的事，也都有了奇妙的变化。爱情就是拥有如此神奇的力量。发自内心地喜欢一个人，会让你忘记自己，眼里都是他，想要靠近他，只有在他的身边，你才会感到安心。

温馨的情感交流带给我们宁静，心与心的碰撞，让我们感受到生活的美好。感情在人的成长中具有决定性的作用，决定了我们会成为怎样的人，而我们的人性决定了我们怎样对待感情、对待他人。感情为我们的生命赋予意义，包括人间之情和宗教之情，而生命中最大的幸福，就是有人爱我，我也有爱着的人。

故事：动人短片《啥是佩奇》

《小猪佩奇》是由英国人阿斯特利创作、导演和制作的一部学前电视动画片。故事围绕佩奇与家人的愉快经历，用幽默风趣的风格宣扬传统家庭观念与友情，鼓励小朋友们体验生活。其极简的动画风格，幽默的对话语调，深具教育意义的故事情节，不仅能让学龄前儿童学习知识，更能让小朋友们从小养成良好的生活习惯，深受全球各地小朋友及家长们的喜爱。

《小猪佩奇》每集时长约 5 分钟，内容贴近小朋友的思维和认知，情节轻松愉快，在低幼群体中非常受欢迎。该剧自 2004 年 5 月 31 日首播以来，已在全球 180 个国家和地区播放，其观众按年龄可分为 3 个群体，分别是 3~6 岁的学龄前儿童、18~30 岁的成年受众和中老年群体。其中，学龄前儿童是其核心受众，约占目标客户总体的 50%。而成年受众大多也是陪伴孩子、弟弟妹妹或是其他亲戚的孩子观看，这一部分的受众属于“被动接触”。

《啥是佩奇》是贺岁电影《小猪佩奇过大年》的宣传视频，由张大鹏执导，由小猪佩奇 IP（影响力资产，Influential Property）联合中国移动、阿里影业等企业在上映前发布，时长 8 分 14 秒，2019 年 1 月 17 日播出后迅速引起轰动，形成病毒式传播。

图 1-1 《啥是佩奇》短片剧照

视频内容是临近年关，眼看着三岁孙子要回村过节，李玉宝却愁眉不展，因为孩子想要一个佩奇。可啥是佩奇呢？为了搞懂孙子想要的新年礼物，留守老人李玉宝一本正经地研究起了“佩奇”。首先是翻字典，翻出来的却都是佩戴、配种，就是没有“佩奇”。一头雾水的他用村里的喇叭四处询问，得到的答案令人啼笑皆非，有人说是直播网站性感女主播，有人拿出同名洗洁精，还有人说是棋牌的一种，终于有人告诉他，佩奇是“小猪、红的”。于是他又去了猪圈，并试图把黑猪刷成红的。兜兜转转，懵懵懂懂，最后李玉宝用鼓风机自制了一个“佩奇”。

作为一部电影宣传片，《啥是佩奇》选用了一个农村留守老人作为故事的主角，以纪实手法揭示了现代中国社会城乡发展的差异，更反映了农村留守老人及儿童的现状。现实的问题引发了人们的情感共鸣：春节对于中国千千万万的留守老人及儿童而言是一个团圆的日子，在外打拼的子女应该多关心远在故乡的老人，不要忽视他们的情感。

《啥是佩奇》在春节即将来临之际推出，将受众精确锁定于“离家游子”的上班族群体，体现“过节和家人团圆”的中华民族传统风俗，成功引起广大观众的情感共鸣。上线仅一天，相关话题就引发网友 110.9 万条的讨论和16.7亿人次的阅读量，不仅做到了话题全民热议，更取得了让人惊艳的1000万元首日预售票房成绩。

一部短视频广告能否让观众有代入感，细节是关键。农村墙上刷的广告语“大年初一不收礼，全家进城看佩奇”，爷爷和孙子通话时中国移动推出的新年彩铃，短片结尾唢呐嘀嘀嗒嗒吹奏的《小猪佩奇》主题曲……这些看似自然的剧情，实则都是导演精心设计、品牌嵌入的结果。这些品牌广告随着剧情的发展渗透到短片的每个细节，观众被故事吸引的同时，广告起到了非常好的宣传效果。

《啥是佩奇》凭借一个简单的故事，把老套的题材讲出新的感动，不仅让观众感受到了父辈对孩子回家过年的期盼和对孙子的想念，还触碰到了很多人的内心痛楚。片中构建的父子情与祖孙情相互结合，形成了三代人共同的情感，更容易与受众产生共情效应。

作为一部先导预告片，不仅为《小猪佩奇过大年》电影的上映成功造势，而且从侧面反映出当前的一些现实问题，比如城乡文化落差、代际关系中的情感表达、农村空巢老人的孤独等，极具社会现实意义。这不仅仅是社会关注的焦点，也展现了大众舆情的期待心理。如何缩小城乡差距、振兴乡村建设、回归家庭和亲情、关爱空巢老人等，都体现了一部成功的视频广告中应该具备的人文情怀以及对社会现实问题的深入思考。

案例：可口可乐远超一瓶汽水

可口可乐作为世界上知名度最高的饮料品牌，连续多年占据全球品牌榜的前列，产品销售到全世界200多个国家和地区，而且在很多国家都居饮料销量第一位。当然，可口可乐的发展并非一帆风顺，是百折不挠的勇气和不断创新的精神，让他们战胜了无数的困难和挑战。

品牌初创。1886年春，美国佐治亚州的药剂师约翰·彭伯顿发明了一种具有提神、镇静以及减轻头痛功能的液体，加入苏打水后即可成为口味不错的饮料。经过其合伙人罗宾逊的精心包装之后，该饮料被命名为Coca-Cola。当年就开始在亚特兰大几家饮料店出售，每杯定价5美分，可惜销售情况并不理想。

1888 年，一个名叫肯德勒的商人收购并掌握了可口可乐的生产和销售权，启动了一种全新的商业模式，就是由可口可乐公司提供原浆，由装瓶特许经营商按照要求给原浆兑水、装瓶并组织销售。可口可乐公司协助特许经营商进行市场推广和广告活动，这一创新性的商业模式让可口可乐的罐装厂遍地开花。与此同时，公司非常重视品牌推广，在火车站、城镇广场的告示牌上投放广告，1901 年全年的广告投放费用已达 10 万美元。

品牌精神形成。第二次世界大战初期，可口可乐响应艾森豪威尔将军的号召，承诺不计成本，让军人随时随地都能喝到 5 美分一瓶的可乐。由此，可口可乐的罐装厂跟随美国军队推向全世界，使其在欧洲、亚洲乃至非洲国家都成为名噪一时的饮料品牌。

由于二战期间的出色公关，可口可乐在美国成为胜利的象征，在其他国家又成为美国和自由的代表。美国战后经济复兴时期，可口可乐用“留住清爽瞬间”的系列广告热情赞扬美式新生活。面对令人窒息的冷战压力，可口可乐重磅推出“意大利山顶广告”，以世界各地青年歌唱和平的方式，呼吁冲破种族和国家界限，彼此友爱，互相理解和宽容，使可口可乐成为和睦的代名词，成为一种缓和种族、政治和性别冲突的良药，号召人们用乐观和不屈不挠的精神战胜歧视和隔离，创造了一种缓和各种社会矛盾的可能性和想象空间。

值得一提的是，迫于百事可乐咄咄逼人的竞争压力，1985 年可口可乐公司经过大量的调研和筹备，隆重推出了口味改良的新可乐，力图保住竞争优势地位。不料遭遇大规模反对，甚至引发了一系列游行抗议活动，因为经典可乐已成为美国文化的一部分，已经成为许多人的生命记忆。可口可乐顺势请回“经典”可乐，奇迹般地化解了百事可乐的凌厉攻势，稳稳占据了全球饮料的头把交椅。其后有研究者应用脑扫描技术，发现相当一部分消费者虽然在口味上偏爱新可乐和百事可乐，但在感情上更倾向经典可乐，由此可见，口味或许不是饮料竞争的制胜因素，之前被忽视的精神和情感价值也许更值得重视。

借力体育营销。体育营销最基本的作用就是建立或改善企业和消费者之间的关系，通过将体育和拼搏精神融入品牌文化中获得消费者认同。从1928年的阿姆斯特丹夏季奥运会开始，可口可乐正式赞助奥运会，成为体育营销的鼻祖。1932年的洛杉矶奥运会，可口可乐赞助第一块奥运纪念指示板，并且制作了300多万份印有奥运纪录的纪念品分发给全国的年轻人。在奥运会期间，200多名穿着白色夹克衫、戴着白色手套的青少年，向所有现场观众分发可口可乐。1979年，可口可乐公司和美国奥委会一起创立了美国奥林匹克名人堂，以表彰和纪念美国历来最杰出的奥运选手。1987年，公司又赞助在瑞士洛桑修建奥林匹克博物馆，并向国际奥委会捐款100万美元。

在中国，可口可乐的体育营销也做得有声有色。在宣布北京申奥成功的当天晚上，可口可乐公司即正式启动“金色的喝彩”，隆重推出庆祝北京申奥成功纪念罐，而这是在申奥成功后第一时间、第一个做出反应的策划活动，其背后是一场精心策划、筹备已久的营销推广活动。2003年8月3日，2008北京奥运会会徽隆重揭标的当天，可口可乐公司作为北京奥运会的顶级赞助商，推出的100万罐印有奥运新会徽的可口可乐限量精美纪念罐正式上市。2004年6月8日，雅典奥运圣火抵达北京，作为火炬传递主要赞助商的可口可乐公司早在数月前就启动了“雅典2004奥运火炬传递——中国火炬手/护跑手选拔”活动，火炬在北京传递的过程中，可口可乐因为准备充分而成功地掀起了一场声势浩大的红色旋风。可口可乐还在全国各地组织和举办了许多与奥运有关的活动，如奥运真品火炬路演、奥运中国行运动路演、奥运主题广告、奥运包装产品、奥运主题促销等活动，这些活动不仅拉近了奥运与人们的距离，同时使可口可乐借助奥运这一载体深入到了中国的千家万户，成功实现了让消费者分享奥运的承诺。

在体育营销中，可口可乐极其重视在体育运动、消费者以及可口可乐三者之间寻求联系点，挖掘其中的市场机会。以“NBA篮球嘉年华”为例，可口可乐通过调查发现篮球越来越受青少年喜爱，当NBA中国赛打响时，将10多种全明星周末最受欢迎的篮球游戏原汁原味地引入中国，通过各种互动的篮球游戏和灌篮表演队的绝妙表演将可口可乐所倡导的“要爽由自己”的品牌内涵传递给消费者。

图 1-2　可口可乐的平面广告

可口可乐长期以来赞助奥运会、世界杯等重大体育赛事，体育营销已经成为其品牌发展不可或缺的一部分，"更快、更高、更强"的体育精神与可口可乐"乐观奔放、积极向上、勇于面对困难"的品牌精神实现了有机融合，淋漓尽致地展现了可口可乐的品牌个性。

可口可乐广告一：电话亭广告

在迪拜，生活着大量跨境打工的南亚劳工。为了让家人过上更好的生活、孩子能够有受教育的机会，他们背井离乡、不辞劳苦，从事着日工资 6 美元的工作。对他们而言，思念亲人和家乡的情感非常强烈，但和家人通话是一种奢望，因为几分钟国际长途的费用就会花光当天辛苦劳作的收入。

可口可乐洞察到南亚劳工的这一需求，专门为此提供了一些特殊电话亭。这些电话亭外形就是可口可乐饮料罐的形状，只需投入一个可口可乐的瓶盖，就可以与亲友免费通话 3 分钟。这个带有公益性质的推广活动，取得了轰动性的效果，不仅显著扩大了品牌的影响力、提高了销量，而且紧扣可口可乐相互理解、善良友爱、自由乐观的品牌精神，获得顾客的共鸣和忠诚。

可口可乐广告二：菲佣的眼泪

菲律宾有超过1100万人为了获得更高的收入而只身赴海外打拼，成为所谓的“OFW”（海外菲律宾劳工）。其中许多人为了压缩开支，往往长达数年不回家。可口可乐在菲律宾发起一项活动，资助这些长年漂泊在外的人回乡和家人团圆，并记录下整个过程，感动了无数人。

可口可乐选择了3名海外劳工，为他们支付交通及沿途餐食费，在其亲友不知情的情况下，派出可口可乐的红色专车，协助他们实现团圆之旅。家人阔别多年终于重聚的喜悦激动，感人的画面，让观者无不动容，甚至流下热泪。影片中，离乡5年的Joe是X光检验师，获悉父亲因生病逐渐失明的消息，心里万分着急，但为了攒更多钱给父亲买药，一直舍不得买机票回家。当看护的Leonie离乡9年，靠她的收入养育着家里几个小孩，无论多想回家，都下不了决心去买票。当保姆的Joey离家时儿子仅1岁大，如今已经12岁，异地打拼的辛苦和孤独让她憔悴焦虑。

分析可口可乐这场活动，花费不是很大，剪辑而成的4分27秒短视频，没有明星，没有表演，真实的泪水、笑容拨动了每个观众的情感之弦，也与可口可乐全球推行的“打开幸福”活动完美配合。一个月就吸引76万人观看，成为菲律宾社会热议的“话题”，推动大家关注“OFW”的处境，短片的感染力也让人们感受到可口可乐品牌的温情与爱。菲律宾海外劳工占整个菲律宾人口的10%，超过1100万人，几乎每个菲律宾人都有亲友面临此种境况。主打亲情回乡的推广活动，非常容易引发人们的感情共鸣，由此赢得受众的心。

可口可乐广告三：不一样的我们，一样的在乎

该广告分为男孩喝水篇和女孩上学篇，视频配乐采用的是朗朗上口的“甜蜜蜜”音乐旋律，由著名古筝演奏家常静及她的“群仙儿”乐队制作编曲，形成了“魔性十足”的广告背景音乐，视频中的童谣演唱与羊、鹅、牛的口型相呼应，仿佛是这些动物在唱歌，十分神奇生动，画面感非

常强烈。受众观看时对广告印象深刻，也能体会出广告的暖心之处，为可口可乐的品牌加分不少。

视频旁白也加入了李连杰的“我们生来不同，但在喝水这件事上没有不同，加入我们，让每个孩子都能喝上干净的水”，以及高晓松的“每一点在乎，都能让梦想飞得更远，加入我们，让每个孩子都能得到更好的教育”。文案写作方面“在乎”二字体现了该广告的用心与贴心，并且喝水和教育都与受众的生活息息相关，更能引起人们情感上的共鸣。出色的文案与两位大咖的旁白为视频增色不少，让人感受到公益的强大力量。

【品牌个性】欢乐，活力，畅爽，热情，友爱

1.2　人与人之间的感情

节选自唐代诗人白居易的《长恨歌》：

在天愿作比翼鸟，
在地愿为连理枝。
天长地久有时尽，
此恨绵绵无绝期。

诗人歌德说过，这世界要是没有爱情，它在我们心中还会有什么意义！就如一盏没有亮光的走马灯。我们都知道罗密欧和朱丽叶的爱情故事，他们诚挚相爱，海誓山盟，但因两家世代为仇而受到阻挠。让人惊叹的是，当外界的压力越大，越不允许爱情滋长的时候，爱情反而越是蓬勃生长，这被称为“罗密欧与朱丽叶效应”。

故事：最美情书《与妻书》

林觉民（1887—1911）是福建闽侯人，“黄花岗七十二烈士”之一，少年时即接受民主革命思想，推崇自由平等学说。留学日本期间，加入中

国同盟会。1911年4月27日广州起义爆发，林觉民随黄兴攻入总督衙门，不幸受伤被捕。刑讯时，他慷慨陈词，宣传革命思想，痛斥腐败的清政府，使审判官吏狼狈不堪。临刑前，他谈笑自若，英勇就义，时年仅24岁，留下老父、爱妻、5岁的长子和一个尚未出世的孩子。林觉民牺牲两年后的1913年，他的妻子陈意映因日夜思念、忧郁过度而去世。

林觉民在广州起义的前三天，也就是1911年4月24日深夜，写给身怀六甲的爱妻陈意映、被后世誉为百年情书典范的《与妻书》，通篇感情真挚，动人心弦，被传诵一时。

意映卿卿如晤：

吾今以此书与汝永别矣！吾作此书时，尚为世中一人；汝看此书时，吾已成为阴间一鬼。吾作此书，泪珠和笔墨齐下，不能竟书而欲搁笔，又恐汝不察吾衷，谓吾忍舍汝而死，谓吾不知汝之不欲吾死也，故遂忍悲为汝言之。

吾至爱汝，即此爱汝一念，使吾勇于就死也。吾自遇汝以来，常愿天下有情人都成眷属，然遍地腥云，满街狼犬，称心快意，几家能彀？司马青衫，吾不能学太上之忘情也。语云，仁者“老吾老，以及人之老；幼吾幼，以及人之幼”。吾充吾爱汝之心，助天下人爱其所爱，所以敢先汝而死，不顾汝也。汝体吾此心，于悲啼之余，亦以天下人为念，当亦乐牺牲吾身与汝身之福利，为天下人谋永福也。汝其勿悲！

……

“知责任者，大丈夫之始也”，这封家书表明林觉民并未忘记对家庭的责任。对妻子，在信中写道：“吾至爱汝，即此爱汝一念，使吾勇于就死也”“以天下人为念，当亦乐牺牲吾身与汝身之福利，为天下人谋永福也”，情理兼具，既表达了对妻子真挚的“情”，又以“民族大义”的“理”宽慰了妻子；对儿女，在信中说“汝其善抚之”“教其以父志为志”，交代妻子要将其抚养成才，以父志为志，算是尽到了父亲的责任；对于年迈的老父亲，单独写了一封“乞恕书”，尽了孝道。但林觉民知道，还有更大的责任等着他去担，他不能为了这个“小家”而看着“大家”受苦受难。《与妻书》既表达了林觉民的儿女情长，也展现了他的家国情怀。

故事：泰坦尼克的爱情神话

电影《泰坦尼克号》由美国 20 世纪福克斯电影公司和派拉蒙影业公司共同出品，于 1994 年拍摄的一部浪漫的爱情灾难电影，由詹姆斯・卡梅隆创作、编剧并导演，莱昂纳多・迪卡普里奥、凯特・温斯莱特主演。

影片以 1912 年泰坦尼克号邮轮在其处女启航时触礁冰山而沉没的事件为背景，描述了处于不同阶层的两个人——穷画家杰克和贵族女露丝抛弃世俗的偏见坠入爱河，最终杰克把生命的机会让给露丝的感人故事。

《泰坦尼克号》讲述一艘在大洋上漂泊的游轮，女主人公露丝在其中非常无聊和孤独，没有朋友聊天，每天只是吃吃喝喝，跳跳舞，这种环境放大了一个人内心的渴望和不满。

图 1–3 《泰坦尼克号》电影剧照

此时杰克带着一股清新之风，扑面而来。在杰克出现之前，露丝接触的人都是虚伪、冷漠、世俗和傲慢的，她厌倦了这种虚伪乏味的生活，不愿嫁给未婚夫，打算投海自尽时被杰克救起。而杰克英俊开朗、自信大方、随性自由，与露丝之前接触的人完全不同。

杰克给了露丝前所未有的感觉，又带她体验了诸多新鲜事物，而这一切深深吸引了露丝。就这样短短几天，露丝便与杰克两情相悦、坠入爱河。

巨轮沉没之时，杰克为救露丝而选择了牺牲自己。两人在海水中的那段对白，是电影最难忘和令人感动的一幕。杰克将只能承载一人的木头给了露丝，鼓励道："露丝，你听着。你会安然脱险，你将会好好生活。会儿女绕膝、子孙满堂，你会看着他们长大成人，你将会终享晚年，终老在温暖的床榻上而不是此地，不在今夜。不是以这种方式，你懂吗？"

每当观影至此，人们都会泪如雨下。生死关头，杰克不仅选择牺牲自己而成全爱人，并且还让爱人答应自己会好好活下去，在未来的生活中，无论发生什么事，无论多么绝望，都不要放弃，都要好好生活下去。

一种多么无私的精神！此情此景，杰克的行为显得无比震撼和伟大。对于每个人来讲，生命只有一次，我们都希望生命能够长一些，再长一些。那什么情况下我们会选择自我牺牲呢，可能总是和爱有关！杰克对露丝的爱是无私的、纯粹的，或许这就是真正意义上的爱情、特殊情景下的伟大爱情！

大部分人的生活，可能没有遭遇类似的困境，也没有轰轰烈烈的生离死别。但在平淡之中，我们有生活的点点滴滴，有相互关心，有相互陪伴，有相互扶持，能够与爱人一起慢慢变老，也是一种难得的幸福，呈现爱情的另外一种模样。

一艘美轮美奂的梦幻巨轮，一场刻骨铭心的旷世爱情，《泰坦尼克号》对爱情的塑造堪称完美。当杰克在冰冷的海水中拥抱他的爱人，奉献出最后一点热量时，很多人都会潸然泪下，对那一幅幅浪漫场景和感人画面久久不能忘怀。

1.3　人与其他事物间的感情

1987 年日本拍摄了电影《忠犬八公物语》，2009 年美国将其改编为

《忠犬八公的故事》。影片在风格上各有特色，前者在故事叙述上更偏重于写实和记述，而后者偏向于营造更为美好的理想世界。《忠犬八公》中国版电影由徐昂执导，冯小刚、陈冲等主演，并于 2023 年 3 月 31 日在中国上映。八公的故事并不复杂，影片中人与动物的真情表露，才是真正的动人之处，触动了观众内心最为柔软的部分，让人为之潸然泪下。

故事：催泪电影忠犬八公

在一个飘雪的寒冷冬夜，教授帕克在车站站台上偶遇了一只弱小无助的小狗，它乖巧、无助又可怜，帕克四处询问无果后，小心翼翼地将它抱回了家。帕克有心收养，但妻子反对在家里养狗，他只能暂时将小狗安置在屋外的杂物间。帕克从一位朋友处得知，小狗是一只来自日本的秋田犬，脖颈上的小牌子写着象征幸运的数字“八”。

帕克十分疼爱八公，总是带在身旁悉心照顾，也非常享受与八公一起嬉戏的时光。妻子目睹这一切，也逐渐接受了八公。时光飞逝，在帕克的精心照料下，八公越长越大。每天去火车站接送主人，变成了八公的习惯，也是它每天最享受最兴奋的时刻。

每日清晨，八公护送帕克去车站，傍晚时刻会提前来到车站，静静等待着主人归来。在车门打开的一瞬间，八公总能在行色匆匆的人流中发现帕克，然后飞奔而去，寻求帕克的拥抱和抚摸。

此后无论是晴空万里、日晒雨淋、寒风凛冽还是大雪漫天，每日的定时等待和欢聚成了他们之间一种无言的默契。不幸的是两年后的某天，帕克因心脏病突发猝然离世，死亡降临得是那么突然。那一天，直到夜幕降临，八公也没有等到主人归来与它拥抱。

天逐渐冷起来，飘起了雪花，冷清的街道上行人越来越少，八公仍旧孤零零地在那里等待。它并不知道主人已经逝去，永远也不会回来了。

深夜家人将它领回家。第二天它依旧按时来到车站，像往常一样，继续守候着。人们试着告诉它：“嘿，你不必等了，他不会回来了。”八公垂着头，依然不动声色地等着。

图 1-4 《忠犬八公》电影原型雕像

火车到站的汽笛声就像是一个信号，告诉它主人要回来了。此后，日复一日，八公就这样在那里等着，望着出站口，在那形形色色的人群中寻找着那个熟悉的身影。树叶枯黄败落，又重新绿上枝头，春夏交替，四季变换，眨眼间多年过去了，八公也变得年老体衰、步履蹒跚，但它依然坚守在车站门口，盼望着那个不会回来的主人。

渐渐地，八公的事迹引来了记者，它的故事登上报纸，人们闻之无不动容。十年后，帕克的妻子回来悼念亡夫时，偶遇八公，不由得泪如泉涌。此情此景，让人感慨万千，生与死的距离，对于一条狗来说，也许无法理解，它只相信它的主人会回来。它十年痴痴等待，告诉我们什么是忠诚，是不要忘记那个曾经爱过你的人，是用尽余生去怀念。

它虽然是一种动物，不像人类有着复杂的思想，但它有真挚的情感，简单而纯粹。剧中有段经典台词"它只是你的一条狗，但你却是它的一生"。忠犬八公的故事采用细腻真实的场景，达到了动人心弦的效果，人不可能十年如一日去等待一个永远不会回来的人，但是八公会，它在"老地方"看着树木荣枯，看着春去秋来、花谢花开，等着那个永远不会再回来的人。

案例：方太，一场温情告别

方太集团创建于 1996 年，专注于高端厨电的研发与生产，现拥有集成烹饪中心、吸油烟机、水槽洗碗机、嵌入式洗碗机、净水机、嵌入式灶具、嵌入式消毒柜、嵌入式微波炉、烤箱、蒸箱、燃气热水器等多条产品线。方太长期致力于为人们提供高品质的产品和服务，把自身对世界厨房生活及厨房文化的深厚理解融入产品的设计研发中，并结合和利用人体功能学、工业美学、各种边缘科学以及集成技术，不断创造出饱含科技、设计领先、极富人性的厨房产品。

图 1–5　方太品牌平面广告

方太在 2019 年新年推出了一则微电影广告，名为《一场温情的告别》。春节将至，过年回家吃团圆饭是中华民族传统的习俗，于是方太围绕“换个火候，为幸福助燃”的营销主题，将厨房重要的工具“灶台”拟人化，在短片中以一个即将退休的老人形象与一家人告别，借此介绍方太新产品的特点以及功能。用“一场温情的告别”辞别旧的一年，迎接新的一年，表达了不舍和期待。

短片以“老灶”的视角，动情地诉说着过去与一家人“相处”的点点滴滴，有愉快的回忆，也有不少添麻烦的时刻，因为“年老”，所以以留恋却可爱的方式告别，并热情介绍新来的“同事”。品牌在表达新年祝愿的同时，也告诉我们或许对待过去与未来的最好方式是一场温情的告别。广告以温情路线传播品牌“因爱伟大”的理念，抒发的情感直击消费者内心，强化了消费者与品牌之间的情感连接。

纪实性剧情设计。方太在剧情中并没有脱离产品讲情感，而是将产品与情景、情感绑定在一起，随着镜头和剧情的推进，借灶台的“自白”将方太产品的优势娓娓道来。

广告从每户人家都可能会遇到的、习以为常的厨房更换设备入手，将日常做饭镜头融入其中，让消费者感受到品牌的真实，将原本普通的一日三餐巧妙进行场景化，把现实生活中的回忆片段进行故事化，无形中拉近了和受众的距离，增强了受众的情感代入，因此显得温馨而不失创意。一半情感真挚，一半商业态度，用纪实性剧情设计，打开与消费者心灵沟通的渠道。

采用第一人称视角镜头。方太在剧情中的主角设定不是人类，而是厨房的“灶台”，用文案呈现灶台拟人化后的心理独白，用第一人称视角让其形象愈发生动。随着镜头的移动和故事的展开，消费者在沉浸式视觉体验中，对方太品牌有了更进一步的了解，有效提升了受众对品牌的好感度。

在故事最后，顺势打出以旧换新活动，把简单的灶台功能上升到情感层面。用暖心的创意手法塑造品牌，既达到了塑造口碑、提高销量的目的，又触动用户去感受那些平凡生活的小美好，给品牌加分。

方太选择在2019年春节前发布广告，引出“幸福中国年，新年好灶头”主题，在春节前制造营销话题，借新年之势打造情感营销。同时，方太利用春节的风俗习惯，即用新年说吉利话的谐音打开消费通道，比如方太在文案中将“灶”与“兆”相结合，可以让消费者在新的一年中“灶”出幸福生活。“好灶头”既能在阖家团圆的春节之际，让每个家庭烹饪出最幸福的中国味，同时也带着新年的好寓意。

在广告中，方太借助灶台的“自白”，讲述老灶台打不着火、火力小、淘气等缺点，而此类问题几乎存在于大部分灶具使用 5 年以上的家庭。方太将这些问题代入灶具老化的情绪中，在节日之际，传递出付出一生的老灶该“退休了”的信号，而以旧换新是温暖和关怀的诉求，从而引出方太新灶台“蒸煮煎炸能精控火候”“猛火爆炒出味、小火煲汤入味”和“从点火到关火，全程备有 12 道安全防护”的优势。在一种毫无违和感的广告文案中，让消费者更轻易关注品牌“灶具新年换装”活动。

【品牌个性】深情，温馨，信任，品质，专业

1.4　人与品牌之间的感情

当今传媒业极其发达，消费者自我意识觉醒，品牌摘下面具后也不再高不可攀，消费者拥有了更大的话语权，可以为品牌投票。所有品牌必须做出选择：要么以理服人，要么以情动人。通俗一点说就是产品上市后，和消费者是谈价值还是谈感情，两者必居其一。要谈感情，就必须了解对方的“喜怒哀乐”，抓住对方的“七情六欲”。情感营销是指针对消费者的情感需要，通过对产品或服务各要素及营销过程注入情感，赋予其感性色彩，唤起和激发消费者的情感需求，诱导消费者心灵上的共鸣，寓情感于营销之中，让有情的营销战胜无情的竞争。

一则麦当劳的广告：一名年轻的男子在麦当劳点餐，当需要支付时，服务员问道，“今天可以用另一种支付方式，你带手机了吗？”男子说带了，服务员微笑说道：“给你妈妈打电话告诉她你爱她。”男子不理解但照做，并且完成了支付，这吸引了越来越多的人，并且不同的人来会有不同的“支付方式”：如果是母子父女来，服务员会让他们说出对方的一个优点来完成支付；如果是朋友一起来，会让他们手牵手一起舞蹈来完成支付；如果是夫妻或情侣，会让他们以一个激吻完成支付；如果一个大家庭来，会让他们以一起拥抱的方式完成支付；而最特别的是有一个人来，告知服务员自己没有家人，并说我还是用现金支付吧，服务员想了一想，让这位孤独的朋友与现场的人一起合唱歌曲，此时整个店铺的人都很快乐，有的人甚至流下了感动的泪水。故事的最后，服务员说道：“用爱支付，

这就足够了。”

广告从头到尾都没有介绍品牌，也没有体现产品的特性、功能、用途等，整则广告以“爱”为中心为我们呈现了一个充满爱的情感故事。麦当劳面对不同的消费者，利用消费者的爱情、友情、亲情、同情、共情等不同的情感对食品进行营销，使消费者可以自由表达自己的情绪和爱，给我们营造出了一个爱的氛围。这样营造出来的情感画面最动人，原因很简单，情绪是相互传递的，哪怕是隔着屏幕，各种情感聚集在一起，不仅传递了彼此之间的情绪，也让观众从内心想起自己的父母、爱人、朋友。

营销部门可以通过精心设计、用心创造、贴心服务或者巧妙传播，为营销过程注入情感，使消费者引起情感共鸣。亚伯拉罕·林肯说过：“你可能欺骗所有人于一时，或欺骗部分人于永远，但你不可能永远欺骗所有的人。”情感营销应该有真情实感，而不是企业一厢情愿地矫情或作秀。这就要求企业设身处地为用户着想，多渠道加强与顾客沟通，以消费者接受不接受、喜欢不喜欢、满意不满意来检验所有活动，努力去理解他们、尊重他们、宽容他们；始终以顾客利益为中心，让顾客在收集信息、评估选择和做出购买决定过程中得到专业性的建议，然后尊重顾客的意见和建议，以超越竞争对手的方式去满足顾客需求。在企业和顾客之间建立双赢关系，只有付出了真情，才能收获顾客的感情和忠诚。

案例：劲酒虽好，不要贪杯

劲牌有限公司 1953 年创建于湖北大冶，70 年来，其以“健康人类、永无止境”的企业精神，“创新草本科技、创造健康生活”的品牌定位，致力于成为世界一流的健康产品企业，业务发展覆盖 20 多个国家和地区。劲酒是中国最负盛名的保健酒，在保健酒行业，其销售额、市场占有率、品牌知名度等各项指标均位居全国第一，成为白酒行业差异化经营的典范。

其广告语“劲酒虽好　可不要贪杯哦”经过中央电视台的反复播放，早已深入人心。这句广告词虽不长，却把“劲酒”的优点表现得淋漓尽致、恰如其分，让人听后感到很舒服、很信服、很向往。别的品牌都在卖力地推销，只有劲酒反其道而行之，劝告消费者“不要贪杯”，首先就给人一种与众不同的感觉。由轻柔的女声读出来倍感亲切，加上广告里挡酒的画面，传递着关爱和真情。

劲酒的消费群体多为 30 ~ 55 岁男性，有一定经济基础，应酬较多，喜好饮酒又常为饮酒所困，比较注重自身健康状况，有保健养生的理念。品牌号召消费群体适量饮酒，既关爱自己，又善待亲友，树立了亲切温馨的品牌形象。

图 1-6　劲酒平面广告

“我和劲酒的故事”微电影采集中国老百姓最真实的生活点滴，用最具人间烟火气的健康故事及对个体的关注，让作品更具人文关怀，让时代更具象且有温度，一次次体现了劲酒与观众美好的共情，这也是“以消费者为尊”核心价值的又一次延伸。

多年来，劲牌拍摄了《十年》《爱，从未停止脚步》《温暖回家路》等多部微电影。《十年》提出了“时间，将人的深度和高度带到了不同的位置”，“酒越陈越香，而感情等同于美酒”的表达。《爱，从未停止脚步》以劲酒消费者（45 岁左右男性）为第一视角，记录在疫情之后他们开始选择一种更健康的生活方式，体现中国劲酒“有情有劲”的品牌精神。《温暖回家路》中提到，“越长大，回家的路就越远，这颗心却也更坚定”，“酒，和人一样，不多言不多语，可就是这份温润和浓厚，让人怎么也割舍不了”。这是劲牌关于爱与情感、品质与价值的核心表达，也流露出其持续与消费者一起共建美好健康生活的愿景。

“我和劲酒的故事”征集活动起始于2021年5月20日，收官于同年9月23日。劲酒始终致力于推进消费者之间的互动交流、共勉体验，无论亲人之间、爱人之间还是朋友之间，以真爱分享之名邀约劲粉欢聚自然最为合适。

【品牌个性】友情，关爱，健康，温暖

案例：美的，亲情让生活更美

美的集团1968年成立于佛山市顺德区，是一家集智能家居、楼宇科技、工业技术、机器人与自动化、数字化创新五大业务板块为一体的全球化科技集团，拥有美的、小天鹅、华凌、COLMO、库卡、威灵、合康、高创、万东和菱王等多个品牌组合，每年为全球超过4亿个用户、各领域的重要客户与战略合作伙伴提供满意的产品和服务。美的在广告投放上，非常重视情感方面的投入。

美的广告一：时光絮语

该视频广告2019年发布，主要借助亲情来打动受众。广告以播放照片并外加特效的形式，分4幕讲述了一个平凡家庭40年的变化。

第一幕讲述了1984年，主人公志明6岁，母亲做饭时，发现家里没有盐，叫志明出门去买，但由于被精彩的电视节目吸引，志明忘得一干二净。当母亲想要责备志明时，电视正在播放中国女排夺得奥运冠军的场面，母亲和志明一起欢呼庆祝，差点烧焦了厨房的饭菜。

第二幕讲的是志明21岁那年，他们家从拥挤的胡同搬进了楼房，爸爸也从远方工作的地方赶回来，给家里带回第一个电饭煲——美的电饭煲。一家三口在新居欢聚一堂，其乐融融，父母看到志明的长大懂事，感到十分欣慰。

第三幕讲的是志明 30 岁时与一位顺德姑娘成婚，结婚的日子正在举办北京奥运会，因此不仅志明家里热闹非凡，全世界都喜气洋洋。当忙碌的一天落幕，志明两口子回到温馨小家，妻子不顾疲倦地给志明揉肩，让人感到温馨有爱。

第四幕讲的是志明 41 岁时，国庆节放假回家看望父母。一家人围坐聚餐，电视正在播放盛大的阅兵仪式，当志明看到父亲鬓角斑白，儿子突然长大，感慨岁月流逝，情不自禁地湿了眼眶……

最后美的以第一人称，向观众自我介绍，并提出了品牌的价值主张：关注国家发生的每一件大事，也关注平凡人生活中的每一件小事。让母亲不因做饭而错过喜爱的女排比赛，让家庭不必为取暖而烦恼，让我们有更多时间与家人团聚。美的以科技赋能生活，让大家生活更便捷、更舒适。

广告《时光絮语》达到了“广告赋情，品牌传情”的效果。不同年代的人，在成长中有不同的时代记忆。美的在广告里展示了很多标志性的国家大事，比如 1984 年洛杉矶奥运会中国女排夺冠、2008 年的北京奥运盛会、2019 年的国庆 70 周年阅兵等。这些重大事件是一个时代的人的共同记忆，让故事情节更具有年代感和真实性，更加容易引发人们的情感共鸣，拉近观众与品牌间的距离。

图 1–7　美的空调平面广告

除国家大事之外，我们也会经历很多对自己很重要的“小事”。就像广告主人公那样，从年少不懂事，到第一次自己做饭，又到结婚生子，再到成为家中的顶梁柱，这些片段构成了一个男孩逐渐成长为男子汉的过程。广告通过讲述一个男孩成长的故事，从平实的视角带给观众深深的感动。

在广告中，美的十分自然地嵌入了自己的产品，并没有过度营销。比如男主角 21 岁做饭用的电饭煲、结婚时房间里的风扇、41 岁时家里使用的智能电饭煲与榨汁机等，在潜移默化地传播品牌的同时，也表达着对消费者一路陪伴的感激。

广告不仅讲述了主人公的成长史，更展现了美的和国家、美的和千千万万普通民众的成长史，充分体现了美的对于时代的感受和对人性的关怀。美的与顾客一起成长，共同关注岁月里的一件件大事小事，努力创造出更美好的生活，不辜负顾客的期待。广告让人感受到时代的发展，感受到家的温暖，也感受到美的“用科技赋予生活便捷，让生活更幸福更从容”的品牌理念。

美的广告二：父母的高考

以高考倒计时 100 天为背景，从父母的角度出发，将陪伴孩子高考比喻成父母的“备考”生活。广告中“备考”父母与孩子用同样的战术去面对高考，包括战术一——题海战术：孩子埋头书本、勤能补拙，父母则翻遍各种营养食谱，绞尽脑汁帮孩子加强营养；战术二——严谨纠错：不断试错持续优化，孩子天天更新错题本，从越来越厚到越来越薄，父母则时刻警惕、快速调整；战术三——强健体魄：孩子定时锻炼以保持状态，父母也加快节奏、加大强度；战术四——细心专注：孩子处处用心记录，而父母则细心清理每一根小小的鱼刺；战术五——保持信念：孩子要保持信心，父母要更多倾听、注意孩子的情绪变化。

广告最后，母亲给累趴在书桌上的孩子关掉空调，再以孩子的口吻说出“焦虑的风少一些，再少一些吧，不去吹散期待的美好。美的无风感空调，温柔助力高考家庭，凉风不直吹，高考更安心。美的无风感空调，无风感，有情感”，让广告深入人心，拉近了品牌与消费者的心理距离。

围绕“无风感，有情感”广告语，回看父母与品牌的关联，表达了高考父母不打扰的爱，悄悄用心、不给压力、默默支持和鼓励的温柔。高考背后隐藏着诸多的琐碎难题，包括衣食住行、情绪安抚等，对于父母的挑战不亚于一场考试。美的洞察到父母们，即消费者的痛点，“无风感制冷，能避免考生感冒生病，清爽的风安抚浮躁的情绪，让父母更安心”。用五大“高考战术”来表现父母与孩子同步备考，迅速引起家长们的情感共鸣，增加对品牌的好感度。

【品牌个性】真情，温暖，信任，品质

1.5 健康的感情需要双向奔赴

中国台湾诗人余光中的现代诗《今生今世》：

我最忘情的哭声有两次。
一次，在我生命的开始，
一次，在你生命的告终。
第一次，我不会记得，
是听你说的。
第二次，你不会晓得，
我说也没用。
但这两次哭声的中间
有无穷无尽的笑声。
一遍一遍又一遍，
回荡了整整 30 年，
你都晓得，我都记得。

人人渴望感情，但多情又总被无情伤，率先付出感情的、真心付出感情的常常更容易受伤。动情就会部分让渡自己的精神世界，如果有幸遇到一个善良的人，就会有一个好结果；如果遇到一个恶人，很可能就会万劫不复。

健康的感情是双向奔赴，无论是爱情，还是传统观念下的忠孝。爱恨经常是相互的，《孟子·离娄下》："君之视臣如手足，则臣视君如腹心；君之视臣如犬马，则臣视君如国人；君之视臣如土芥，则臣视君如寇雠。"君权、父权和夫权在古典儒家还多多少少讲些感情，在后世则被异化为绝对服从的上下级关系，演变为"君要臣死，臣不得不死。父要子亡，子不得不亡"的极端观念。

其实，人都会因为"被爱"而去"爱"，这一说法仔细推敲也不无道理。别人对自己的肯定和欣赏，可以满足自己的自信心和自尊心，在获得满足后，我们自然就会感激对方乃至产生好感。倘若感情可以礼尚往来的话，那爱情就必须用心经营了。爱情期初可能并不对等，但是要想在后面维持稳定，就得"有来有往"。无论是恋爱还是婚姻，如果长期付出却得不到回报，那关系早晚会出问题。

如何才能在爱情中礼尚往来呢？只有两个人共同去经营，去为彼此付出，这份爱情才会更加坚韧，才能抵抗生活中的种种挑战。伊萨科夫斯基也曾说过："爱情，这不是一颗心去敲打另一颗心，而是两颗心共同撞击的火花。"这样的爱情，才够幸福，够坚韧。

爱是两颗心逐渐靠近，爱也是两个人保持适当的距离。我们都有自己的生活圈子，走出这个圈子，我们就是独立的、完整的个体，但我们也有只属于两个人的小天地，在这里彼此的心会不由自主地贴在一起。我们可以是对方的支柱，却不能成为对方的累赘，这样的关系才更轻松和融洽。首先是独立的自己，然后才是对方的爱人，是父母的子女。

一段好的关系需要双方共同经营，友情、爱情莫不如此。两个人从陌生走到无话不谈，从相识到熟悉是一个渐渐了解加深的过程，认识新朋友是一件幸福的事情，而能够从相识到相知相惜则更加珍贵。

故事：沈园里有"断肠人"

宋代著名诗人陆游（1125—1210），12 岁能作诗文，少年即有才名。

陆游的表妹唐琬，自幼聪慧，才貌双全，与陆游青梅竹马。陆游 20 岁时与唐琬成婚，名副其实的才子佳人，琴瑟和鸣。史书记载，当时陆游为唐琬写过一首《菊枕诗》，经常拿来与朋友共赏，名传一时，可惜今天已失传。

非常遗憾的是，在这场甜美的爱情中出现了一位“恶婆婆”，让人有了近千年的哀婉叹息。陆游与唐琬的亲密感情渐渐引起了陆母的不满，或许是出于儿子被“抢走”的嫉妒，或许认定唐琬拖住了陆游参加科举、光宗耀祖的步伐，执意让陆游休了唐琬。当然也有说法是陆游、唐琬婚后没有生子，在古代没有子嗣是非常正当的休妻理由。陆游不舍唐琬，将其安置在一处别院，可最终还是被陆母察觉，并以死相逼，无奈之下陆游与唐琬正式分开。

其后陆游另娶王氏，唐琬改嫁赵士程。赵士程为赵宋皇室，但为人宽厚，他极爱唐琬，冲破重重阻力，以盛大的仪式迎娶唐琬回家。经过赵士程的精心呵护，唐琬慢慢走出了上一段婚姻留下的创伤。

如果自此陆游与唐琬一别两宽，各自安好，也算是一个非常不错的结局。但世事难料，陆游与唐琬的一次沈园偶遇，终将这段感情推向令人扼腕叹息的悲剧，演绎出了一幕史上最虐心的三角恋。

公元 1155 年，南宋绍兴二十五年，陆游在家乡附近的沈园，偶遇唐琬，这是别后 7 年的第一次见面。此时的唐琬正与丈夫赵士程游玩赏景，行礼寒暄作别之后，往日的种种情景又浮现于陆游眼前，他悲从中来，在院墙上挥就一首《钗头凤》：

红酥手，黄縢酒。满城春色宫墙柳。
东风恶，欢情薄。一怀愁绪，几年离索。错，错，错！
春如旧，人空瘦。泪痕红浥鲛绡透。
桃花落，闲池阁。山盟虽在，锦书难托。莫，莫，莫！

沈园一别，勾起了唐琬的伤心往事，她反复品读陆游留下的词，回复了一首同词牌的《钗头凤》。

世情薄，人情恶。雨送黄昏花易落。
晓风干，泪痕残。欲笺心事，独语斜阑。难，难，难！
人成各，今非昨。病魂常似秋千索。
角声寒，夜阑珊。怕人寻问，咽泪装欢。瞒，瞒，瞒！

此后不久唐琬就郁郁而终，年仅28岁就香消玉殒。

迎娶唐琬，是赵士程的幸运，也是他的不幸。看着唐琬这句“怕人寻问，咽泪装欢”，不知是何心情？原来这么多年，她在自己身边并不快乐。但爱情不必去问值不值，只是他做出了最真诚的选择而已。

沈园是陆游又爱又怕的地方，他想念沈园，又怕到沈园。在70余岁告老还乡之后，魂牵梦绕的还是那次的沈园偶遇，想到那哀怨的眼神、羞怯的神态、无可奈何的步履、欲言又止的模样，于是写就多首“梦游沈园”诗。

其中一首云：

城南小陌又逢春，只见梅花不见人。
玉骨久成泉下土，墨痕犹锁壁间尘。

这一场凄美的爱情故事，并未随唐琬而去，它在陆游心里，延伸到了生命的尽头。这些凄美的诗句，感动了一代又一代后来人。

案例：三九感冒灵，让世界更有爱

三九集团组建于1991年12月，前身为原解放军总后勤部所属企业深圳南方制药厂。集团以医药为主营业务，以中药制造为核心，目前拥有上市公司“三九医药”以及20多家通过GMP认证的医药生产企业。集团旗下的全国驰名商标“999”多次被权威机构评为“中国最高认知率商标”，曾当选为“中国100最具价值驰名商标”，而且在药品行业位居第一。

2017年，一支短视频广告《有人偷偷爱着你》刷爆朋友圈和微博，给寒冷的冬天带来不一样的暖意。这是 999 感冒灵推出的感恩节短片，选取真实事件改编，共有 6 个反转故事，由一个女孩的网络问答串联起整个广告片。

广告由真实人物故事改编，更贴合观众感受。在这支广告片的开头，“真实故事改编”这几个字虽然很容易被人遗忘，但是这确实是这则广告引发强烈共鸣的原因之一，取材于真实故事，不会让人觉得过分煽情或矫情，能把矛盾和冲突都展现出来。该广告剪辑手法先抑后扬，反转强烈。先在前半部分构建出一个极度冷漠的社会，让观众的心情低到尘埃，然后在后半部分一点一点地反转。前后的强烈对比极具戏剧效果，同时，心理层面一冷一热的反转，让人瞬间感动。

“手上的动脉在哪里，越具体越好”。短片前半部分灰暗压抑，文案更是异常直接，一字一句地撕开人们内心深处的伤口。每个人都自顾不暇，没有人会在意你的感受。每个人都小心翼翼地活着，没有人在乎你的境遇。行色匆匆的人群里，你并不特别，也不会被优待。你的苦楚，不过是别人眼里的笑话。人心冷漠的世界里，每个人都无处可逃，这个世界真的就不会好了吗？当你还沉浸在生活的阴影中，悲伤于这个世界的冷漠时，突然短片画风一转。

原来……那个有自杀倾向的女孩，得到了无数可爱陌生人的回复。拦路的交警帮忙盖上了油箱盖；拍下醉酒女孩的男子，是为了向民警求助；为了让外卖小哥准时送达，电梯门重新打开；拿着铁棍的凶悍车主巧妙化解了事故。“别找了，我们爱你”，相比亲人朋友，陌生人给予的善意更让人动容。这个世界没有那么糟糕，生活就像一场重感冒，我们都在等待一场治愈。“999 感冒灵颗粒”通过多年的广告宣传，“温暖、关怀企业”形象已经深入人心，广告着眼于从情感上与消费者的沟通，引起消费者的共鸣。“暖暖的，很贴心”伴随着周华健代言的广告遍布大街小巷，“999 感冒灵颗粒”由原来的侧重功能性诉求，转变为“信赖、温暖”的情感诉求。这支广告比较含蓄，只在结尾展示了广告主题：致生活中那些平凡的小温暖。

为何这则广告能引起强烈共鸣？答案是反转 + 温暖 + 真实。999 感冒灵的 slogan（口号）是“暖暖的，很贴心”，所以把关注点集中于“暖”这个字上。从故事入手还可以自带传播力，故事的灵感主要来自微博、论坛和知乎上大家分享的暖心故事。

这支广告包括 3 个版本：母子篇、夫妻篇和失恋篇。在母子篇中，儿子青春期叛逆，把母亲的关心视为干涉，把她推出自己的房间。然而当母亲病了，儿子送来感冒药，嘴上责备说：“病了你都闲不住。”这句话里却隐藏着对母亲的关心和歉意，所以母亲笑着说：“不就是一场感冒吗？很快就好了。”她听懂了儿子的爱。

广告很短却相当感人。在夫妻篇和失恋篇中，也传递了同样的信息：生活中都会有大大小小的问题和烦恼，但家人的温暖和关心一直都在，而且暖暖的，很贴心，这与“999 感冒灵颗粒”想要传递给大家的感觉如出一辙，不谋而合，因此必然会建立起深厚的观众缘以及群众基础。

【品牌个性】真情，温暖，信任，品质

第 2 章　为何传情

市场经济环境下，有需求就会有供给。情感营销针对消费者的情感需要，通过对产品或服务各要素及营销过程注入情感，赋予其感性色彩，唤起和激发消费者的情感需求，诱导消费者心灵上的共鸣，寓情感于营销之中，让有情的营销战胜无情的竞争。营销部门可以通过精心设计、用心制造、贴心服务或者巧妙传播，为营销过程注入人情味，使消费者引起情感上的共鸣。

造就一个伟大的品牌，就可以在市场竞争中占尽先机，但前提是要经过一场艰辛而漫长的跋涉，全身心投入品牌建设中。塑造品牌的起点是产品，因为品牌是依附在产品上的价值，品牌的个性和精神是产品的灵魂，没有精神的产品好比没有灵魂的躯干。伟大品牌最终表现为创始人的个人魅力，表现为整个企业的团队精神。最初品牌仅仅用于识别、区分和辨认产品，而今天人们已经把品牌当作一种精神生活和心情的表达之物，它正在影响、改变我们的生活，并成为一种生活方式和生活态度。

人性化时代，品牌应该具有以下特征：一是深知顾客所感；二是像真人一样说话和做事；三是开放、真实、有瑕疵；四是不沉闷无聊；五是注重细节，以人为本。赋予品牌某种精神和形象，这种精神和形象不需要高大全，只要真实且具有穿透力，就像在热恋中的情人的眼中，对方的缺点有时也会变得很可爱。品牌建设需要精心策划，要从中外文化里挖掘有吸引力的特征，比如英雄主义、享乐主义、青春时尚、优雅持重。根据行业特色和企业历史，通过长期大量的搜集、选择、测试工作，选定有别于竞争对手的品牌形象。

这里需要解决的问题是：你想将商品卖给谁？这个群体的特征和喜

好、立场和看法是什么？他们热衷于什么样的人和事？什么样的品牌形象可以打动他们？当然，这需要大量的前期调研和论证工作，在竞争激烈的当今世界，有前期规划的品牌不一定成功，但没有规划的品牌注定会失败。

产品在工厂里制造，品牌在心智中制造。可口可乐的CEO曾经宣称，即使可口可乐全球的设施在一夜之间化为灰烬，也可以凭借品牌迅速复原。但假如所有消费者瞬间失去关于品牌的记忆，那么可口可乐要重拾往日辉煌就难上加难了。

2.1 人绝非一台理性机器

宋代词人柳永《雨霖铃》：

寒蝉凄切，对长亭晚，骤雨初歇。
都门帐饮无绪，留恋处，兰舟催发。
执手相看泪眼，竟无语凝噎。
念去去，千里烟波，暮霭沉沉楚天阔。
多情自古伤离别，更那堪，冷落清秋节！
今宵酒醒何处？杨柳岸，晓风残月。
此去经年，应是良辰好景虚设。
便纵有千种风情，更与何人说？

人不是冰冷的机器，每个人都渴望得到爱和尊重，所以生活中需要情感交流，缺少感情滋润的心灵会逐渐干涸。古代中国绝大多数时期处于一种相对稳定的乡村社会，世代居住的村庄，血缘关系密切，乡情观念浓厚，是一个典型的“熟人社会”，比较容易产生信任和情感交流。而当代中国市场经济大潮不可阻挡，人员流动频繁，绝大多数的社会交往行为发生在互不相识、素昧平生的陌生人之间，即使是熟人之间，交往活动的功利性也越来越强。

从“熟人社会”转向“陌生人社会”的过程中，加之生活节奏加快、工作压力加大，人与人之间不可避免地出现信任危机，如果贸然付出情感，很怕受到欺骗和伤害。出于适应环境的自我保护，人们会减少以前那种纯朴而真挚的情感交流，逐渐变得冷漠和封闭。虽然现代社会人们的物质生活丰富了，但在精神方面却日益孤独和焦虑。

人间自有真情在，情感是通过不断付出和接受而建立起来的。品牌与情感相结合，应攻心为上，以情动人便可不战而胜。情有很多种，可以是爱情、亲情、思乡之情、追忆之情，选择哪一种情，视产品而定，如德芙将产品与爱情、亲情挂钩等。

案例：LV，生命本身就是一场旅行

路易·威登（Louis Vuitton，1821—1892），是 19 世纪一位专门替法国王室打包行李的技师，他制作的皮箱技艺精良，渐渐地从巴黎传遍欧洲，成为旅行用品最精致的象征。路易·威登于 1854 年在巴黎开了以自己名字命名的第一家皮箱店，1896 年路易·威登的儿子乔治用父亲的姓名设计出蜚声国际的 LV 图案，LV 也近似于 LOVE 的简写，其标识优美的造型、美好的寓意对品牌的成功贡献巨大。150 多年来，人们的追求和审美观念不断改变，但 LV 总能占潮流之先，品牌产品包括皮具（手袋、行李箱、公事包等）、时装成衣、鞋履、腕表、高级珠宝、书写用品及配饰，至今都保持着无与伦比的魅力，当然价格也是让人瞠目结舌的，一个皮包从人民币 5000 元到 10 多万元不等，成为富豪权贵显示身份的标识。当然，购买正牌 LV 的人也并非都是高薪阶层，很多月薪 3000 元的工薪阶层也大有人在。由此可见，奢侈品牌也成为工薪阶层圆“富贵梦”的道具。

品牌初创时期。LV 的历史要追溯到拿破仑二世时期，当时法国版图的扩大激起了乌婕妮皇后游历欧洲的兴趣。但是，旅行的乐趣却常常因为一些小问题而大打折扣——那些华美的衣服总是不能在行李箱中妥帖存放。从乡下来的年轻人路易·威登凭借自己的手艺，将皇后的衣装巧妙地绑在旅行箱内，由此得到乌婕妮皇后的赏识和信任，被指定为御用行李打包技师。

图 2-1 知名奢侈品牌 LV 的平面广告

当时处于交通工具迅速变革的时代，乘坐火车旅行成为人们最时髦的选择。然而这也带来了新的烦恼：要么是衣服在旅行箱中变得皱巴巴，要么是行李箱在火车的颠簸中一次次摔倒。在为皇后服务的同时，路易·威登也意识到自己可以发挥一技之长，为更多人免除旅行的烦恼。于是在 1854 年结束了宫廷生活后，他在巴黎创办了首家皮具店，主要销售自制的平盖行李箱。新颖的设计引来同行纷纷模仿，平顶方形衣箱一时成为潮流。这种帆布箱子很快便成为巴黎上流社会贵族们出行的首选物品。

1858 年，路易·威登扩大了皮具店规模，在巴黎近郊设立了第一家工厂，设计和生产时注重解决旅行者们的实际问题，以实用的设计理念为基础，在时尚和专业化方面也不断深入。1871 年，路易·威登在 Scribe 大道上开设了一家新店，1875 年在伦敦市中心又开设了英国分店。由于持续重视产品创新，LV 品牌的经典产品——坚硬旅行箱于 1889 年诞生，该产品完全适应长途旅行的颠簸，带给旅行者最需要的安心与舒适，成为至今令 LV 骄傲的款式。

家族数代传承。路易·威登的第二代传人乔治·威登继承了先辈追求品质、精益求精的传统，高度尊重和珍视自己的品牌，不断地为品牌增加新的内涵。乔治·威登于 1890 年发明了特殊的锁扣“5-tumbler”，只需要用一把钥匙就可以打开客户本人所拥有的全部 LV 皮箱，避免了一大堆钥匙带来的麻烦。1896 年，乔治更是以父亲的姓名设计出如今蜚声国际的 LV 品牌标识。

第三代传人卡斯顿·威登继续展现家族创造力，为 LV 带来了热爱艺术、注重创意和创新的特色。他将自己喜爱的古典元素转化为经久不衰的时尚经典，并向豪华风格转变，产品也不断推陈出新，创制出一款款特别用途的箱子，有的配上玳瑁和象牙的梳刷及镜子，有的缀以纯银的水晶香水瓶。公司还会应个别顾客的要求，为他们量身定制各式各样的产品。

1901 年，LV 推出了轻巧柔韧的 Steamer 旅行袋，成为后世手提袋的先行者。1909 年，威登家族用丝绸和羊毛制成 Kashmir 旅行毛毯，又成为后来围巾和被罩的先行者。在坚持最初理念的基础上，LV 也努力创新，Keepall 手提袋颠覆了以往人们对手提袋的概念，柔软的帆布让人爱不释手。LV 的第一支香水也让人惊喜，“Heures D’Absence”是一个浪漫的名字，代表着品牌全新的探索。1914 年，路易·威登梦想的小店终于成为全球规模最大的旅行皮具专门店，傲然屹立于巴黎香榭丽舍大道 70 号。

品牌精神提炼。从诞生至今，路易·威登家族已经有 6 代人经手 LV 品牌。在公司中，除了 LV 家族的后人，每一位品牌的设计师或其他职员，都必须了解 LV 的品牌历史，要求在工作和品牌运作中将这种独特文化发扬光大。经过路易·威登经营者们的不断创新，印有“LV”标志的产品已经成为富有传奇色彩和雅典设计的时尚经典，更是享誉全球的著名品牌。

崇尚精致、品质、舒适的“旅行哲学”，是 LV 设计的基本理念和灵感来源。从“Trianon Gray”平顶帆布行李箱问世，到后来延伸出来的皮件、丝巾，再到当今的手表、笔、珠宝、服装等，无不渗透出“旅行哲学”的丰富内涵，也成为旅行用品最精致的象征。1984 年，LV 在巴黎和纽约同时上市，次年成为控股公司。1987 年，公司与 Moet 香槟公司、轩尼诗合并成立 LVMH 集团，形成了拥有 50 余个品牌并跨越服装、珠宝与酒类等的世界最大奢侈品集团。

【品牌个性】优雅，品位，舒适，享受生活

案例：海尔，“不新鲜”背后的亲情

剩饭剩菜，在我们的日常生活中很常见，当食材不新鲜的时候，很多年轻人都会选择直接扔掉。但是，我们的父母或者爷爷奶奶等长辈却有不同的做法。在洞察到这一代际差异后，海尔冰箱拍摄了广告《不新鲜超市》。

在海尔的冰箱广告中，有一家专门售卖不新鲜食材的超市，并且每份食材都是从真实的家庭中进货采购，标签上都记录着它的真实来源。每份不新鲜食材的背后都有一个家庭的故事，也是一个爱的故事。

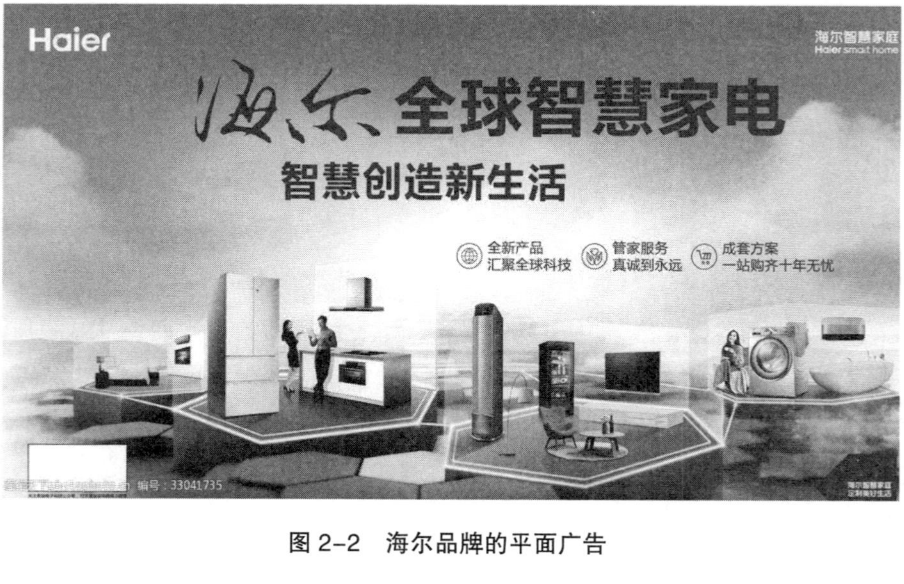

图 2-2　海尔品牌的平面广告

在不新鲜超市里，有张姥姥冻了半年也不舍得扔掉的烤鸭。得知孙女要回家，姥姥起了个大早，去集市上买她最爱吃的烤鸭，却不料孙女又不回来了。于是这只烤鸭在冰箱里住了半年，张姥姥舍不得吃，更舍不得丢。这个周末孙女又说要回来，张姥姥高高兴兴地又去买了一只新鲜的烤鸭，准备自己吃原先冻在冰箱的烤鸭，给孙女的一定是新鲜的。

在这家不新鲜超市里，还有李妈妈舍不得扔掉的烂苹果，她买了许多新鲜苹果准备给儿子吃，但儿子工作太忙，等到苹果都开始腐烂了，还是没能回家。无奈之下，李妈妈只能将这些苹果挑挑拣拣后加工成苹果罐头给自己吃。

另外还有刘奶奶爱吃的隔夜饭，她每天傍晚都为即将放学回家的孙子准备新鲜可口的饭菜，将最好的给孙子，而老两口经常吃的是剩下的隔夜饭。

小邹去年送给岳父的新茶，也进了不新鲜超市。去年他和爱人回家看望岳父，送给岳父一份明前龙井茶，但岳父一直都不舍得喝，希望等到女儿女婿再次回家时和他们一起品尝，但却老是没有机会。

四份不新鲜的食材，却有着四种不同的情感，代表着四个充满爱的故事。

【品牌个性】亲情，关爱，温暖，品质

2.2　拟人化让品牌更灵动

平常我们与人交往时会发现，与众不同的人往往会给人留下深刻印象，这种与众不同可以是长相，但更多的是个性。鲁迅在《文化偏至论》中写道："生存天地之间，角逐列国之中，何为根本问题？何为当务之急？其首在立人，人立而后凡事举；若其道术，乃必尊个性而张精神。掊物质而张灵明，任个人而排众数。"人要成为真正的人，就不能完全沉浮于物质之中，必须要有精神，也不能随大流，而是要有独立人格，珍视自己的尊严和权利。

品牌个性的本质就是品牌人格化，假如这个品牌是一个人，它应该是什么样的人？是魅力四射，还是平庸乏味？是人人爱戴，还是个个厌烦？一个理想的优秀品牌，其特点不言自明，最好长相和个性都能吸引人。除了血缘关系的因素之外，你热爱任何人或任何事物的理由，都可以用来热爱一个品牌。

品牌与人一样，必须具备鲜明的特点和个性才能令人印象深刻，才能在众多的竞争品牌中脱颖而出。品牌个性能使品牌与消费者建立起某种关系，顺利进入消费者的生活，并在心目中创造出某种印象和地位，使品牌变成一个“有意义”的个体，从而实现品牌的优化定位。由此可见，在竞争激烈的今天，品牌的个性塑造变得非常重要，所以广告也应该突出品牌的个性化与差异化。

成功的广告往往通过感情打动消费者，通过与顾客之间的心灵沟通，建立一种与众不同的独特感觉，从而使品牌获得长久的生命力，提升品牌魅力。做品牌传播有3层境界：品牌信息被受众认知、品牌产品被受众购买、品牌被受众信仰。前两层需要依靠信息流、物流实现，而做到第三层，就必须注重品牌精神。那什么是品牌精神呢？就是品牌代表和蕴含的意义、个性、情感以及品位，能够让自己对品牌产生信仰感的价值所在……这些综合因素加起来就构成了品牌精神。

为什么绝大多数品牌难以拟人化？因为多数人要么急功近利，要么精神干瘪。品牌的扬帆需要闪耀在眼眸中的星光，需要鼓荡在胸膛里的精神。应该让品牌灵动，让品牌意气风发，让品牌行云流水，努力壮大这一企业竞争中的软实力。

大卫·奥格威曾一针见血地指出品牌即是个性，在1955年的一次演讲中他说：“厂商若能致力运用广告为他们的品牌建立最有利的形象、塑造最清晰的个性，必能获取市场最大的占有率，进而产生最高的利润。让我们记住，正是品牌的整体个性而不是琐细的产品差别，决定了它在市场上的最终地位。”

案例：古灵精怪迪士尼

全球闻名的迪士尼，名称来自其创始人华特·迪士尼，总部设在美国加州的伯班克，这家大型跨国公司主要业务囊括娱乐节目制作、主题公园、玩具、图书、电子游戏和网络传媒。快乐是人类永恒的需求，无论何时何地，只要人类存在，“享受快乐、追求快乐”就是一个永恒的话题。迪士尼的主要业务就是提供快乐，其 Logo（标识）上的城堡，带给人们无尽幻想及神秘感。注重创作“合家欢”式的快乐，从一开始的动画片逐渐扩展到衣食住行的产品和服务上，迪士尼不限制提供业务的领域，将触角伸向任何一个可以给大众带来欢乐的产业。

迪士尼的受众包含儿童、成年人以及家庭，以实现快乐分享。迪士尼区别于其他类型公司的关键是故事，一个故事内容丰满的动画人物，更能够引起观众的共鸣。迪士尼的主题乐园、酒店以及其他衍生品的背后都有着动人的故事，神奇而感人的动画故事让人印象深刻。许多故事都是借鉴了世界各地的童话传说，这让迪士尼的产品更加丰富多彩。因为差异化的选择，加上创新、高质量、分享、故事、积极以及尊重等品牌个性，赋予了迪士尼难以撼动的竞争优势。

迪士尼最强的可持续竞争力就是 IP，通过创作高品质影视作品塑造人们喜爱的动画形象，如《米老鼠》《玩具总动员》中就创造了很多 IP 形象，然后投放到网络上与观众互动，进而拓展国际市场，将衍生商品和主题乐园带到世界各地。通过一个个精彩的故事与消费者产生共鸣，向消费者传递迪士尼的品牌价值。华特建立乐园的初衷就是为了给每个家庭体验动画王国的机会，其作品也紧紧围绕着这个主题，多以幽默家庭喜剧为主，经营目的就是让每个家庭感受到快乐。

作为迪士尼的门面招牌，米老鼠和唐老鸭是不少人最早认识的动画形象。米老鼠这个名字是中国当年翻译过来的，现在我们称之为米奇。它诞生于 1928 年，是一个拟人化的老鼠，通常身穿红色短裤、脚蹬黄色大靴子、手戴白色手套。米奇喜欢冒险，聪明机智、好分析问题，有修养，乐于助人，其人设接近于完美。而唐老鸭则是出了名的易怒、莽撞、顽皮，再加上比较倒霉，经常好心办坏事。不过这恰恰成为唐老鸭的魅力所在，他愤世嫉俗，为生活发愁，像是现实中的人，而不是生活在乌托邦里的卡通角色。唐老鸭并不是一个典型的主角，从开始就一直扮演米奇的配角，但由于性格更接地气，人气猛涨，并不逊色于米奇。

图 2–3 迪士尼乐园的平面广告

米奇诞生两年后，大萧条席卷美国。在这个艰难时刻，正是米奇为人们带来了不少欢乐，几乎成为仅次于时任总统罗斯福的“显要人物”。1929 年，华特·迪士尼由于经济窘迫，以 300 美元的价格允许一家文具商将米奇的图案印在铅笔盒上，虽然这笔收入很少，但却是近代商业创新的里程碑——IP 授权。自此，迪士尼便开启了自己的授权模式。据《时代》杂志报道，米奇的 IP 授权在 2008 年就为迪士尼创造了 40% 的收益。

迪士尼乐园诞生于 1955 年，它的出现将迪士尼的商业模式推到一个更高的层次。全球 6 个迪士尼乐园，2017 年业务收入为 18.4 亿美元，占整个集团全部收入的 1/4，而在迪士尼乐园，米奇的图像、周边，甚至是食物更是随处可见。

3D 动画片《冰雪奇缘》是迪士尼重金打造的经典，全球总票房已达到 27.3 亿美元，成为全球最卖座的前十电影。其原声大碟也已经连续 4 周蝉联美国公告牌排行榜冠军，影片更是横扫奥斯卡金像奖、安妮奖、金球奖，成为一部票房和口碑双丰收的佳片。电影魅力来自鲜活的人物性格，无论是开朗活泼、主动而坚强的公主安娜，内敛寡言、忧郁而矜持的女王艾尔莎，不修边幅却有着一颗温暖内心的采冰者克里斯多夫，彬彬有礼却暗藏杀机的王子汉斯，还是热情友善、渴望夏天的雪宝，古灵精怪而又心地善良的地精，每个角色都给观众留下了深刻、鲜明的印象。影片对人物形象塑造的成功之处不仅在于对每个角色精准的设定及挖掘，也在于人物动作细节、电影场景和原声音乐的完美搭配。无论是主角还是配角，都通过各种细节、对话以及情节从多个角度展现多面性以及丰满的个性。

迪士尼从起初欢乐搞笑的电影，到现在讲述不同成长故事以及不同英雄拯救世界、给人们带来希望的电影，从一开始提供快乐到现在陪伴成长、带来启蒙启想，从创造童话、童真到陪伴和守护每个人心中的童话，这些转变都有力催生了迪士尼全新的广告思路。

拍摄英雄类电影，例如复仇者联盟系列，迪士尼抓住青少年的英雄主义情结，通过赋予电影角色鲜明的性格来吸引更多观众。加之一些大女主电影的角色获得女性观众喜爱，迪士尼的形象和好感度直线上升，同时，IP 转变后的电影情节获得儿童、青年和成年人的喜爱，带动了迪士尼相关产品的销售。

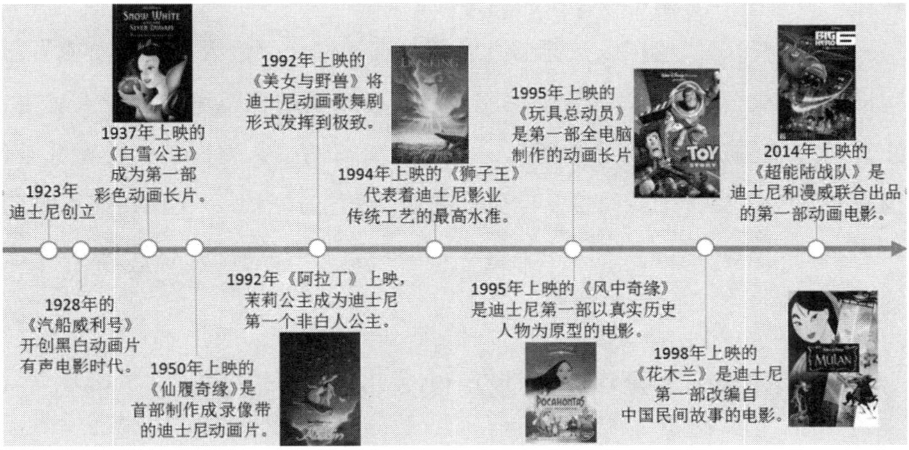

图 2-4　迪士尼历年出品电影

迪士尼广告一：魔法常在（2020 年）

在这支视频宣传广告中引入祖母 Lola 和她的孙女两个角色，以及一只贯穿全剧的米老鼠玩偶，展现了两人维系多年的深厚情感和代代传承的家族传统，唤起每个人心中对家人的美好回忆。

广告开门见山，1940年孩童时期的Lola从父亲那里收到了一件礼物：一只米老鼠玩偶。在之后的日子里，米老鼠玩偶一直陪伴着Lola成长。这只米老鼠玩偶代表了祖母Lola的童年，也陪伴了孙女整个童年，同时也代表了Lola与她孙女之间的感情。

随着孙女长大，她已经对米老鼠不感兴趣了，祖母也一天天变老，米老鼠玩偶坏了很久都没有修补。此处想传达给受众的是，随着小孩年龄增长，和长辈之间的距离越来越远，同时陪伴长辈的时间不断减少，因此应倍加珍惜与老人相处的时光。最终，孙女送了一只新的米老鼠给祖母（可能是新的，也可能是缝补了旧的玩偶）。

这则广告面向所有迪士尼的粉丝群体，特别是以家庭为主体的群体、感性的消费者、隔代关系消费者（祖母、母亲、女儿）。这会让许多与爷爷奶奶辈相处的消费者群体产生情感共鸣，告诉他们要珍惜身边人。迪士尼在用广告传递感情的同时又为米老鼠玩偶做了宣传，并且结合圣诞节的特点产生了巨大的曝光量，从而达到促进销售的目的。

迪士尼利用情感和以圣诞节为背景，强化迪士尼让人们保持童真、重视情感交流这一观念，在通过短片传递情感的同时也将消费者带入其中，让消费者了解迪士尼的品牌理念，温暖而富有情感，赢得了消费者好感，提高了迪士尼品牌的认可度。这则广告以动画方式呈现，相比传统类型的广告更加简单和直接，能够生动直观地展现迪士尼品牌的经营理念和产品内容，带来了很好的营销效果。

迪士尼广告二：童年只有那么一小会儿

以父亲陪伴小女孩到迪士尼遇见和拥抱喜欢的公主为切入点，然后画面转到小女孩已经长大要读书而出远门，父亲看着为小女孩儿时到迪士尼游玩拍的视频，感叹时间的飞逝和对女儿的不舍，广告结尾提到“因为他们的童年，只有那么一小会儿”。迪士尼早期采用全景拍摄精致的乐园设施去吸引游客，但是效果一般，后采用近景画面以故事形式讲述一家人到迪士尼游玩这种适合一家大小的亲子活动，以身临其境的第一视角去展示游区设施和机动游戏，除了奇幻的背景音乐之外，还会有画外音“这里是一片神奇的土地，任何事情都可能发生——有跳舞的茶杯，会飞的大象……”打造梦幻乐园的形象，激发消费者的兴趣以及意犹未尽的感觉，吸引大家到乐园游玩，塑造迪士尼乐园就是家庭活动的最好去处，成为不少人永远的、愉快的童年回忆。

迪士尼讲述的故事无一不给人以喜悦、鼓舞和希望，让观众难以忘怀。通过真善美的人物性格折射出了迪士尼的品牌文化理念，从而引导家长与孩子之间发扬乐观的精神，让他们的生活更加乐观积极向上。

【品牌个性】神奇，梦幻，温馨，欢乐

案例：踢不烂，大黄靴的告白

Timberland（添柏岚）是一个来自美国的户外品牌，通过生产做工优质、细致的产品，来适应不同户外场景的运动需求。Timberland 实行全球化战略，在北美洲、欧洲、亚洲、拉丁美洲、南非和中东地区都设置了实体店，在有条件的地区设立线上专卖店进行产品销售。Timberland 致力于通过提供创新、实惠、美观、耐用的产品，给消费者最佳的户外体验。在实现消费者和企业共赢的同时保护自然环境，并且兼顾股东以及员工等利益相关者的利益，力求做到品牌的可持续发展。

Timberland 的顾客视户外运动为一种生活方式，他们关注穿搭，偶尔会去野营、登山，具有尝试新事物和探索世界的精神。消费群体包括成年人和孩子，产品线也很全面，包括鞋子、成衣、手表、眼镜等其他户外装备与配件。

Timberland 广告一：真正的爱是踢不烂的

Timberland 在这段时长 2 分 15 秒的广告中简要讲述了 4 种人生经历，分别传达了热爱生活、坚定自我，不随波逐流、见义勇为以及尽情享受爱的理念：①穿着 Timberland 最经典的大黄靴蹚水、出游、远足，重点突出了 Timberland 鞋子防水的特性。②父母给孩子穿上儿童版的

Timberland 小黄靴，展示自己有儿童产品线。③穿着 Timberland 大黄靴的女性，上一秒还跟随人潮缓缓地在平坦的大街上向前走着，忽然就停住了脚步，转身朝着与人流相逆的方向走去，她来到了一个满是石子、瓦砾的胡同中，虽然前方不时有废品从两侧的墙体上砸落，但是她仍旧坚定地走着，选择“没有人敢走的路”，最后在一片废墟之中救出了受压的小女孩。④一对恋人共同穿着 Timberland 的黄靴走在潮汐涌起的海边，此时屏幕正中出现一行字“真正的爱是踢不烂的”，“踢不烂的”几个字还被标记成了和靴子一样的黄色。最终，在女生踮起脚尖吻男生的背景下，屏幕正中又打出了 Timberland 的品牌 Logo 及其官方旗舰店链接，推动看完广告后有购买意愿的消费者更进一步。

图 2-5　添柏岚的平面广告

Timberland 广告二：我走的时候叫 Timberland，回来时才叫踢不烂

首支广告成功之后，Timberland 为了让大黄靴走出小众，获取更多消费者的关注，随即拍摄了第二支以“我走的时候叫 Timberland，回来

时才叫踢不烂”为主题的广告。

如果 Timberland 代表一个名字
那么，踢不烂代表一个故事
Timberland 和踢不烂之间
隔着山丘、隔着江海、隔着时光
也隔着起起落落、聚散离合
你走过去了，却发现
这一切，才刚刚开始……

忘了从什么时候起
人们叫我踢不烂
而不是 Timberland
从那阵风开始
当我被那阵风亲吻
被月光、星光、阳光浸染
被一颗石头挑衅
然后用溪流抚平伤痕

当我开始听到
花开的声音
当我不小心闯对路
又认真地迷过路
当我经历过离别
又曾被人等待
当我需要、被需要
我知道已和一开始
那双崭新的 Timberland 完全不同
在时光里

我变旧、变皱
用伤痕覆盖伤痕
每天当太阳升起
我又是全新的

我走的时候叫 Timberland
回来时才叫踢不烂
踢不烂的故事
还远远未完成

这支广告的一开始就说道:“不知道从什么时候开始,大家开始叫我‘踢不烂的’,而不是‘Timberland’”,再次强化了想要根植在消费者心中的这种品牌产品质优的理念。接下来,随着镜头的转换,Timberland 的大黄靴在不同的人的脚上经历了不同的场景:溪流、登山、马路……我们虽然只能看到一双脚,但是却也能为主人公正在经历的失业、失恋等遭遇感同身受。随后,穿着这双已经破旧的大黄靴,主人公最终重获新的伴侣,让观众也倍感舒心。最后,点明主题:“经历才完成了这双大黄靴”“用伤痕来掩盖伤痕”“我走的时候叫 Timberland,回来时才叫踢不烂”,呼吁消费者大胆地穿着 Timberland 的鞋子走出去,无须担心鞋子的破旧。

2018 年“踢不烂未完成”的广告发布之后,生意从门可罗雀立即变成门庭若市,标志性的大黄靴也从橱窗里的展示品变成许多人鞋柜里的必备品。在这次品牌营销中,品牌方第一次用了“踢不烂”名字,整个广告片的镜头始终聚焦于产品,大黄靴通过背景转换和旁白叙述,创造了一种沉浸式的观感,而这也为 Timberland 广告奠定了独特的风格。

配合当今的社会环境,这支广告足以戳中消费者脆弱但又倔强的内心,品牌与中国消费者之间终于成功沟通。“我走的时候叫 Timberland,回来时才叫踢不烂”,是踢不烂系列中最出彩的一支广告,也是全片的点睛之笔。

Timberland 广告三：哪有穿不坏的鞋，只有踢不烂的你

广告片里，观众又追随着摄像机的视线，跟着主人公的脚，经历朋友的离开，经历公司破产，经历演唱会的索然无味，经历与父母的分别。当焦虑和不安成为常态，Timberland 敏锐洞察到新一代中国消费者的内心世界，给予了大黄靴新的定位和角色。可能所谓成长，就是有几段路只能一个人走。广告片前半部分展现了多个难以预料的人生场景，后半部分则以大黄靴跋山涉水的傲然姿态，传递出产品人格中所蕴含的勇敢和胆识。最后主人公将破旧了的 Timberland 大黄鞋摆在家里插上干花，并拿出一双 Timberland 的新鞋换上，最终道出主题“哪有穿不坏的鞋，只有踢不烂的你”。表达出虽然你不确定的是鞋，但在生活激荡中逐渐强大的，是勇往直前的你。

这支广告以自信的态度表达出物理属性的“踢不烂”，再用自嘲的方式表示“哪有穿不坏的鞋”，最后回归生活态度，精神层面上的“踢不烂”，使整支广告的立意得到了升华。

当我们回顾 Timberland 的三支广告，可以发现，每次的广告创意都是基于对本土消费者的深入洞察，金钱追逐下的自我迷失，经济下行时的人生沉浮。广告及时抚慰了消费者的情绪，格外讨巧的是，Timberland 一些预言的拍摄形式，让观众看到的不仅仅是大黄靴，也能让人想起自己每次急促踱步的紧张情绪，每次狂奔都能让人释怀。尽情宣泄，酣畅淋漓，产品和消费者之间产生的情感共振，极大提升了消费者对品牌的好感度。

Timberland 的后续广告《踢不烂，用一辈子去完成》，是对“踢不烂”更深度的解读和诠释，不仅肯定了大黄靴的经穿耐磨，也是在经济低迷的当下，品牌对消费者的号召和鼓励，穿上 Timberland 去玩味人生，在时间的旋涡里成为踢不烂的自己。总而言之，该品牌广告策划时很注重结合情感，从其三支广告片中就可以发现。

【品牌个性】强韧，勇敢，冒险，品质，不服输

2.3 爱屋及乌的晕轮效应

晕轮效应，又称光环效应，由美国心理学家爱德华·桑戴克提出。晕轮是指一种当月亮被光环笼罩时产生的模糊不清的现象。爱德华认为，人对事物和人的认知及判断往往从局部出发，然后扩散而得出整体印象。就像晕轮一样，这些认知和判断常常都是以偏概全的。

晕轮效应指人们对他人的认知判断首先是根据个人的好恶得出的，然后再从这个判断推论出认知对象的其他品质的现象。如果认知对象被标明是“好”的，他就会被“好”的光圈笼罩着，并被赋予一切好的品质。相反，一个人被标明是“坏”的，他就被一种消极否定的光环所笼罩，并被认为具有各种坏品质。品牌方可以利用这一心理提高盈利水平，比如一个品牌在时装方面非常出色，当推出同品牌的首饰、香水，乃至家居用品时，大家也都会相信它们具有高品质。

案例：哈雷从摩托到周边

品牌初创一鸣惊人。1903 年 21 岁的威廉·哈雷和 20 岁的阿瑟·戴维森在美国密尔沃基市西部的一间小木屋里创办了摩托车制造厂，并以两个人的姓氏命名为“哈雷·戴维森”。100 多年来，哈雷先后经历了两次世界大战、经济萧条和冷战考验，到今天已成为美国文化的一个象征，产品畅销 70 多个国家。哈雷摩托车金属的质感、优美的线条和令人惊艳的颜色搭配以及电镀和黑漆的对比，甚至那烫人的排气管、震耳欲聋却“如音乐般”的轰鸣声，无一不符合一个男人在梦中对力量和自由的想象。哈雷用摩托车代替了骏马，成功续写了美国西部的拓荒史，也因此成为梦想闯荡天下的男人们的精神寄托，甚至是他们的——钢铁情人。

由于两次世界大战中美国政府的军备采购，哈雷·戴维森摩托车成为退伍老兵的最爱。那张扬的外形、轰鸣的声音代表了一种激情、冒险、挑战传统的精神，让老兵们追忆战场岁月，表达对冷漠社会的不满。

20 世纪 60 年代的“嬉皮士”最终在哈雷那里找到了自己的精神家园。

那种纯金属的坚硬质地，炫目的色彩，大排量、大油门所带来的轰响，甚至烫人的排气管，都让他们疯狂。为了与狂热、叛逆、不羁的风格相配，他们从此穿上印有哈雷标志的外套、破了边的牛仔裤和粗犷的皮靴，身体上刺着哈雷的标志，也给社会带来冲击和震撼。对他们来说，这甚至比遵纪守法更能表达爱国情怀。

历经磨难真情不改。20 世纪 80 年代，美国经济陷入衰退，面对日本汽车、摩托、电子产品的大举进攻，大量企业亏损乃至倒闭，民众的情绪也极度低落。当时美国的摩托车制造业，只有哈雷硕果仅存，为了激励国人士气，罗纳德·里根总统将哈雷摩托奉为“英雄”，号召民众用顽强的美国精神走出困境。1983 年，哈雷车主俱乐部成立，2002 年成员已超过 65 万人。与此同时，哈雷也由叛逆群落向主流社会渗透，众多体育界、艺术界和商界的名人也以驾驶哈雷为荣。

到了 20 世纪 90 年代，美国经济在信息技术的带领下快速成长，白领人士却面临日益增大的心理压力，他们越来越渴望有一种可以释放和解脱的方式。哈雷成为首选，扔掉西装革履，穿一身“哈雷服”呼啸而过，如同纵马驰骋，真切地触摸大自然的灵魂，远比坐在密闭的轿车中过瘾。当然这种放纵很短暂，只是帮助人们短期内远离尘嚣，放松一下疲惫的身心。

精益求精打磨质量。从创立之初，哈雷就一直致力于在机械、外观等各方面改进、创新，不断提高哈雷的品质，并通过开发多种服务项目提高品牌的附加值。哈雷最大的特点是力求个性的张扬，所以一般是确定订单以后，再根据顾客的个人喜好量身定做个人专属哈雷车。哈雷·戴维森提供五大车系、多种车型，6000 多种部件和配件，通过全球 1300 多家授权经销商形成销售网络。此外，哈雷·戴维森还通过授权使用公司名称和品牌形象生产和销售系列服装与附饰。

哈雷摩托车从初期的单排气管到双排气管，从 500 毫升发动机到 1200 毫升或更大排气量的发动机，从三挡变速到四挡变速，还不断引入液压减震器、电子点火器等新技术，以及玻璃纤维、铝合金等新材料，根据市场需要开发新的系列产品。1907 年，哈雷制造出了第一台 V 型双缸发动机，较之于传统单缸发动机，它能为摩托车提供两倍的动力。20 世纪 20 年代，哈雷在体育竞技和实用相结合的道路上，一方面开发出时速达 85~100 英里[①]的比赛用摩托，另一方面又开发出带斗的警用三轮摩托和家用小型摩托。这种方式使哈雷平安度过了经济大萧条时期。

图 2-6　哈雷车友会的定期巡游规模很大

哈雷摩托车包括五大车系：Touring（旅行车系）、Softail（软尾车系）、VRSC 车系、Dyna（戴纳车系）和 Sportster（运动者车系）。这些摩托车均由哈雷·戴维森摩托车公司以哈雷·戴维森品牌销售。五大车系截然不同、特色迥异，每个车系都蕴含着丰富的历史和传统。Sportster（运动者）车系特征是拥有排量为 883cc 或 1200cc 的发动机；较大的 Dyna（戴纳）车系配备高级底盘和悬挂系统，是哈雷最平稳的巡航摩托车；在不改变硬尾风格的情况下，Softail（软尾）车系的隐形尾部悬挂满足骑手的舒适要求；哈雷 Touring（旅行）车系的大型旅行车如 Electra

① 1 英里 =1.609344 千米。

Glide（至尊滑翔）和Road King（路王），则以提供四扬声器立体声音响和巡航控制等舒适的驾乘感受而引以为豪；VRSC（威路德）车系是全新的车型，具备液体冷却和顶置凸轮轴发动机（OHC），它是迈向动力巡航摩托车领域非凡的一步。

从欧洲到亚洲，从美洲到大洋洲，哈雷无处不在。如今哈雷摩托已经行销到70多个国家和地区，在提供重型街车、旅行车和定制改装车的同时，还生产完备的零配件、附件、服装和其他相关产品。哈雷那炫目张扬的徽标，成为人们尽情宣泄自己自由和激情、彰显年轻活力的标志，成为几乎所有男士梦寐以求的坐骑。

哈雷摩托车之所以出名，不仅仅在于它的设计理念、产品质量，更多的在于它所创造出来的两轮文化和哈雷精神，其品牌文化已经深入到了全世界摩托车迷的脑海里。售价超过2万美元的哈雷远不止是一种代步工具。一个多世纪以来，哈雷·戴维森一直是自由大道、原始动力和美好时光的代名词，而这一切正是美国文化的精华所在。因此，哈雷·戴维森成为美国文化的一个象征，也是美国梦的一个标志。

车迷大会传播声威。1983年哈雷·戴维森成立了哈雷车主会（Harley Owners Group，H.O.G），以满足骑手们分享激情和展示自豪的渴望。1985年，49家地方分会在全美生根发芽，会员总数达到6万人。1999年全球会员数量更是突破50万人，成为世界最大的摩托车组织。H.O.G已成为哈雷文化的一部分，它使会员之间可以更加便利地分享驾乘经验与体会。消费者通过哈雷摩托车追求驾驶的乐趣和自我价值的实现，最终将这种力量转化为对品牌的忠诚，消费者成为哈雷最好的品牌推广者。

目前，全世界有近150万哈雷车迷。是什么魔力吸引着他们？玩哈雷的人从事的行业各有不同，但是有一点是相同的——他们都被哈雷和它所代表的生活方式深深吸引。哈雷车迷是一群成功的、充满活力的摩托车爱好者。他们喜欢休闲的生活方式，富有冒险精神，而且非常热衷于与别人分享对哈雷摩托车的激情，分享哈雷带给他们的独特驾乘体验。1993年，哈雷90周年庆典时有10万人参加，1998年95周年时有14万人参加，全世界哈雷车迷狂热地忠诚于V型双缸驱动的机车以及制造它们的公司。

美国的历任总统中，罗纳德·里根总统、比尔·克林顿总统和乔治·布什总统都曾经参观哈雷的制造工厂并对哈雷·戴维森的榜样作用赞不绝口。克林顿总统访问哈雷·戴维森在宾夕法尼亚州约克的工厂时称赞道："你们生产了激动人心的产品并将它销往全球。"布什总统和哈雷·戴维森工厂的工人谈话时说道："哈雷·戴维森是美国企业家精神的杰出典范。"

随着哈雷博物馆在美国密尔沃基正式开馆迎客，又一个哈雷"朝圣地"揭开了神秘的面纱。博物馆整体面积达3.9万平方米，主体由三栋建筑物构成，玻璃和钢结构的大量运用充分彰显了哈雷作为工业时代产物的独特金属质感和凛然霸气。馆中主要展示逾400辆哈雷·戴维森摩托车，每辆展示车都承载演绎着一段独特的哈雷时光。除此以外，众多保存完好的珍贵历史资料，如照片、影像和文献档案等，也是首度面向公众展示。

哈雷作为全球最具个性的品牌，其周边产品Logo不胜枚举，美国鹰、火焰、骷髅、俱乐部……除了把它们印在衣服、裤子、方巾、配饰上外，经典标志也可以变成文身。著名的哈雷周边产品包括：骑行服、皮靴、头盔，甚至包括腰包、存钱罐、挂绳、皮凳、手工打火机、手工台灯、水壶，等等。100多年来，哈雷的盾牌商标成为很多人的梦想，无论是对自由的追逐、对激情的膜拜，抑或是对原始动力的疯狂向往，哈雷始终都在不遗余力地把人们的期盼变成真实。

【品牌个性】激情，勇敢，自由，叛逆，张扬

案例：维珍，跨界嬉皮士

理查德·布兰森是英国维珍集团（Virgin Group）的董事长，也是世界上最富传奇色彩的亿万富翁。

从杂志到唱片

在布兰森小的时候，母亲常常有意为他"制造"许多挑战，希望能培养他的独立精神。在布兰森只有4岁时，有一次母亲开车载他回家，突然

在离家几公里远的地方停车，要求小布兰森自己走路回家。

1968 年，17 岁的布兰森用母亲给的 4 英镑，在半间地下室里创办了一份面向年轻人的杂志——《学生》，第一次品尝到成功的喜悦。1970 年，英国政府废除了保护唱片零售价格的协议，但没有一家商店打折降价。布兰森看到唱片批发和零售之间有巨大差价，立即采取行动，通过附在杂志里的优惠价格，向学生们销售各种唱片，布兰森因此赚进了第一桶金。

唱片越卖越多，到 1972 年布兰森在英国各地开设了多家维珍唱片连锁店，并成立了一间音乐录制室。其后 10 年，维珍唱片在英国娱乐界成为举足轻重的品牌。

从航空到可乐

1984 年布兰森组建了“维珍大西洋航空公司”，涉足航空运输领域，为此，他不惜与英国航空业打了一场轰动一时的官司。现在，维珍航空已经成为英国第二大远程航空公司，乘坐维珍就等于选择了高品质服务，这一点已经深入人心。

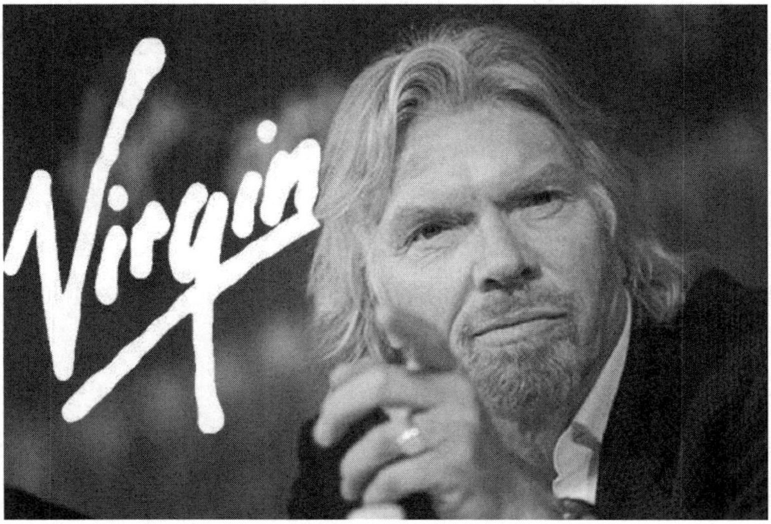

图 2–7　维珍集团董事长布兰森

1994 年布兰森又成立了“维珍可乐公司”，产品在欧洲的销量一度超过百事可乐。1996 年成立了维珍铁路公司，并雄心勃勃地要将其发展成为全欧洲服务质量最好的公司；1999 年宣布成立维珍电信公司，并树立成为全球性移动电话公司的远大目标。2004 年成立的维珍银河公司致力于探索太空，于 2021 年 5 月 22 日在美国新墨西哥州进行首次载人火箭试飞获得成功。

在布兰森的率领下，维珍集团不断开疆扩土，已经成为全球知名的公司和当前英国最大的民营企业，目前旗下拥有 200 家私有公司，其商业帝国跨越空运、服装、软性饮料、计算机游戏、电信运营、金融服务、唱片，甚至包括安全套等的各行各业，且都能在业界站稳脚跟、发展壮大，创造了多元化经营的奇迹。

将炒作进行到底

理查德・布兰森被人称为“商界老顽童”，是英国最抢镜头的“嬉皮士资本家”。他最大的爱好就是冒险和炒作，时有惊人之举，每当维珍的业务延伸到一个新行业或新地区时，布兰森都会身体力行地进行一次独特的作秀。他曾经裸奔宣传公司产品，驾驶热气球环游地球，在海湾战争时驾驶自己的飞机进入巴格达解救人质，也曾驾驶一辆水陆两栖跑车横渡英吉利海峡并打破世界纪录。他只穿三角短裤和美国肥皂剧《海滩护卫队》的女主角合拍维珍健力饮料的广告，也曾和二十个几乎全裸的模特打着“所见即所得”的标语在伦敦街头为维珍手机做促销宣传，他开着坦克驶入纽约时代广场宣传维珍可乐，他骑着一头白象在印度国会演讲。布兰森看似离经叛道，甚至有几次险些丧命，可是他始终乐此不疲，他的名言是“勇敢者可能不会永生，但懦弱者根本未曾活过”。

虽然常常遭遇诸多的嘲笑、挖苦和指责，但理查德・布兰森却依然故我，穿着脏兮兮、邋里邋遢的毛衣，“笑靥如花”地出现在《泰晤士报》的头版头条上。人们往往被布兰森的各种噱头所迷惑，而忘记了潜藏在其背后的商业逻辑。布兰森把维珍比喻成“跟在大企业后面抢东西吃的狗”，即维珍是一个市场补缺者。哪里有不合理的利润，哪里有不满意的顾客，维珍就出现在哪里。人们越来越喜欢布兰森和维珍品牌，在英国，维珍的品牌认知率达到了惊人的96%；在1998年的英国民意测验中，布兰森被评选为英国最聪明的人；在2001年另一项民意调查中，他竟然超过了耶稣，被评为最具启发性人物第二名。

表面上看维珍的产品非常多元化，但其实只是针对某类顾客，即心理上追求自由、独立、叛逆的顾客。布兰森勇于冒险、特立独行的个性，正是以反传统的思维来诠释维珍的品牌个性：追求创新、自由、时尚、价值和富有情趣。由此可见，维珍的品牌策略是真正的“形散而神不散”。

【品牌个性】激情，自由，叛逆，创新，反传统

2.4　品牌的顶点是信仰

从企业角度来解读的话，品牌精神的本质就是一种能够代表该企业的、富有个性的精神，它是品牌企业或品牌创立决策者，在长期的生产和经营中逐步形成的信念、价值观或经营宗旨。几乎每个经久不衰的知名品牌背后，都能找出这么一句能够代表自身品牌价值的精神话语，它们代表了这个品牌的精神所在。比如，纯真可爱，滑稽幽默，质朴刚健，善良仁慈，激情梦想，叛逆不羁。

案例：耐克，活出你的伟大

在1957年的美国俄勒冈州立大学，学校田径队的运动员菲尔·奈特和他的教练比尔·鲍尔曼找到了共同话题，就是对当时的美国跑鞋非常不满。他们的目标是自行设计鞋款，然后交给当时生产成本较低的日本企业生产，用这种高质量、低价格的跑鞋打败当时独霸美国市场的德国运动鞋。奈特毕业后到斯坦福大学攻读MBA，在一门课程作业中预测：善于模仿的日本产品可以凭借低价挑战以阿迪达斯为代表德国运动鞋。

品牌初创。1964年，奈特和鲍尔曼决定实现他们的想法，每人出资500美元创立蓝带公司，这即是如今大名鼎鼎的耐克的前身。当时在美国运动鞋市场占据统治地位的是阿迪达斯、彪马和Tiger。此后，奈特结识

了日本制鞋商鬼冢虎，双方签订了委托加工合同，由美方设计经销，在日本制造。1 年后在收到从日本发运过来的 200 双运动鞋之后，公司便正式开张运营。当时奈特白天在普华永道做会计师，下班后就到处摆摊销售他们从日本进口的运动鞋。

1966 年，鲍尔曼设计了一款鞋，用柔软的尼龙代替了硬邦邦的皮面，并且在鞋里创新性地使用了一种避震混合物，从脚趾包裹到足踝。这种“科泰兹”鞋立即引起轰动，成为畅销品，拉动公司销售额在 1971 年突破 600 万美元。

1972 年，奈特考虑给刚刚起步的公司更换名称和标识，一名公司雇员提出了一个名字——Nike，一位古希腊神话中的胜利女神。Nike 有一对能飞的翅膀，充满活力，据说宙斯将她送到地球上来，是为胜利者加冕，为胜利者吟唱胜利之歌，并且献酒及戴上王冠。此后，奈特又以 35 美元的价格邀请卡罗琳·戴维森设计了“钩子”状的耐克标识。有了全新的商标和名称之后，耐克的梦想开始起航。

图 2-8　耐克品牌平面广告

20 世纪 70 年代，慢跑热逐渐兴起，数百万人开始穿运动鞋。因为运动鞋不仅穿着舒适，且显得健康而年轻，而这是大多数人向往的形象。面对运动鞋即将流行的趋势，阿迪达斯等品牌却视而不见，这让耐克抓住了这一千载难逢的机会。1974 年，鲍尔曼又发明了一种“华尔饼干”式的新型鞋底，使鞋底更有弹性，这项革新推动了耐克的销量增长，1976 年销售额攀升至 1400 万美元。此后，耐克的发展势不可当，公司利用雄厚的研发力量，投入巨资，采用最新科研成果，开发出 140 余种不同式样的产品，都是针对不同的脚型、体重、跑速、训练计划、性别和不同技术水平而设计的。这些风格各异、价格不同和多种用途的产品，吸引了成千上万的跑步者，他们真切地感受到耐克的品质与实力，耐克品牌的美誉度迅速攀升。

1975 年，为降低生产成本，耐克将日本的生产线转移至人力成本较低的韩国与中国台湾，后又搬迁到印度尼西亚和中国大陆。1985 年，耐克公司的年营业额超过 37 亿美元，占领美国运动鞋市场份额的一半以上。1999 年耐克公司的年销售额已达到 95 亿美元，跨入《财富》500 强行列，2009 年更是达到 191 亿美元，超过了原来同行业的领袖品牌阿迪达斯、锐步，被誉为近年来世界最成功的消费品公司之一。

品牌精神挖掘。耐克为了挖掘自身的品牌精髓，发起了一场大规模的反思活动——耐克是什么？耐克品牌的本质是什么？最后达成了这一共识——无论青年人还是老年人，无论专业运动员还是门外汉，无论是每天坚持跑步者还是只在周末锻炼的人，甚至包括儿童，在耐克的世界里都有你的一席之地，也就是“真正的运动品质”。耐克存在的目的就是“通过运动与健身，提高人类的生活品质”。

运动员出身的奈特认为，体育没有终点，需要将永不停息的个人奋斗精神、不断创新的精神贯穿于企业经营，进而把“体育、表演、洒脱、自由”的运动精神作为耐克追求个性的企业文化核心。创始人鲍尔曼说过：“只要你拥有身躯，你就是运动员。而只要世界有运动员，耐克公司就会不断发展壮大。”一直支撑耐克的是“达到运动巅峰”的热情，那是吸引运动员的东西，耐克的产品有四成是为专业运动员而做的。

耐克成为一种被物化了的体育精神，成为人类征服自然和超越自我的象征。它在运动和生命之间画上等号，挖掘出了受众渴望生活、珍惜生命的心理需求和期盼。经营者有意将耐克打造为富有冒险精神的开拓型公司，品牌的目标顾客应该是一群不守旧、有魄力，愿意创新，能够抓住机会，也愿意在品牌的名义下，接受人们的友爱、批评或尊敬的人。耐克这一品牌精神营销取得了巨大的成功，如今在很多青少年的心里，耐克已经成为一种对个性、自信执着追求的象征。从 20 世纪 80 年代到 90 年代，200 名 NBA 球员、275 位美式职业橄榄球球员和 290 名职业棒球球员全部穿耐克鞋。18~25 岁的美国男孩，有 77% 认为耐克是最理想的运动鞋。

耐克宣扬的个性化、创造力、动感、活力以及休闲等价值观成了消费者非常肯定和乐于接受的一种文化体验。耐克表面卖的是鞋子，其实经营的却是情感，在中国消费者心中是最酷的运动品牌，获得了中国消费者在品牌价值文化上的心理认同。

品牌精神塑造。耐克的管理团队每六个月就要聚会讨论，在这里鼓励对抗，经常出现“针锋相对”的局面，董事长与其他人一样，都要接受别人的大声指责。公司要求员工能虚心接受意见并保持强健的体格和不屈不挠的个性，敢于挑战困难，不断用创新去改善现状，同时又绝不能自高自大，时刻保持谦卑的心。

耐克创造了一个祥和的工作环境，总部就像校园一样，有森林、慢跑小径、湖泊、足球场，让人有家一样的自由感受。管理层希望每个员工都热爱运动，每个人都拥有健康健美的身体，这里不准任何人抽烟，鼓励大家以自行车、溜冰鞋来代替开车，大家会利用中午时间到健身中心运动两小时。在耐克工作的感觉，有点像在决赛的前夜，像在乐园游戏，像在大风大浪中冲浪。

从 1995 年开始，耐克每年拿出 5000 万美元作为研究经费，成立了由足科医生、教练、运动员、矫正专家等组成的用户调查顾问委员会，定期讨论设计、材料、原理等问题，根据人体工程学理论设计鞋样和结构。研究的范围非常广泛，比如对运动中的人体进行高速摄影分析、对运动员踏车的情况进行分析、选定 300 多名运动员有计划地进行耐克实验，以及试验和开发新型跑鞋，等等。为了得到产品最终的检测反馈信息，耐克多年坚持开设专门的零售商店，不断征求顾客意见，介绍最新产品，及时了解市场行情变化，以便进一步研究和开发。

业内公认，耐克的营销技巧堪称行业典范。无论是乔丹式明星代言策略，还是创意无限的广告，耐克公司总是在市场推广过程中表现出自己是一家充满活力的公司，每款耐克鞋都充满诱惑力。优秀的创意赋予了产品一种能够满足目标顾客心理、视觉美感和情感的附加值。

耐克广告一：活出你的伟大

耐克是最早赞助刘翔的品牌商，早在刘翔刚破世界纪录时就趁热打铁做了广告。刘翔退赛后，耐克公司迅即发表声明："刘翔是中国最杰出的田径运动员。自 2004 年雅典奥运会夺金及之后打破世界纪录以来，他一直并将继续为中国和世界各地支持者带来激情。耐克为能与刘翔紧密合作而感到自豪。在此时我们理解他的感受，并期待他伤愈复出。"随即在 5 家知名报纸上，以刘翔退赛为题材的耐克广告及时出现。

2008 年北京奥运会，刘翔因伤退赛，耐克发布的文案是"爱比赛，爱拼上所有的尊严，爱把它再赢回来，爱付出一切。爱荣耀，爱挫折，爱运动，即使它伤了你的心。"一段煽情的文字，加上刘翔的大头照，耐克在力挺"飞人"的同时也打了一场漂亮的公关战。

2012 年的伦敦奥运会，刘翔受伤失利后，耐克在 15 分钟内发布"谁敢拼上所有尊严，谁敢在巅峰从头来过，哪怕会一无所获，谁敢去闯，谁敢去跌，伟大敢。谁敢在巅峰从头来过，即使身体伤痛、内心不甘，让 13 亿人都用单脚陪你跳到终点。活出伟大，一起为飞翔而战！"

"活出你的伟大"广告文案一发出就获得了 113892 次的转发与 2 万多条的评论，"活出伟大"一瞬间成为微博上的热门词汇，"伟大体"也流行开来。正是由于耐克品牌在其他品牌不敢出声甚至与刘翔划清界限时，把握住时机，极好地迎合了大众对刘翔事件的关注，借助情感营销，成功化危为机。

耐克这次成功的危机营销属于一次事件营销，抓住了广大网民的心理情绪，快速反应和悲情式广告，符合人们对体育精神的追求和渴望，达到了病毒营销和二次传播的效果。这样的举动使得刘翔获得更多人的支持，进一步巩固了耐克的品牌形象。同样借助于网络的互动性，耐克公司积极进行宣传，并且网民也可以将这种情绪尽情宣泄。在一周之内，耐克公司的

“QQ 爱墙”浏览量就达到了 37 万次。此次危机营销，耐克公司打破以往平面电视的传统模式，采取了 IM（即时通信营销，Instant Messaging）模式，使得原来的被动营销方式转变成互动营销方式，取得了巨大成功。

耐克广告二：哪儿挡得了我们

耐克 2020 年推出了“哪儿挡得了我们”系列的广告，“燃”是其主旋律，迅速燃爆全网。文案如下：

只管向前

我们从不是一个人，
每个人都在给彼此力量，
想质疑我们？
我们会拧成一股绳，
想劝我们收敛点？
我们会飞得更高，让你好好瞧瞧。
不把我们当回事儿？
我们会证明你大错特错！
我们或许会遇到一些挫折，
但总会找到办法，
如果有些事不公平，
那就一起去寻求改变。
我们有责任让这个世界变得更好，
无论情况有多糟，
都能够逆袭归来，
因为只要在一起，
我们就势不可挡，
哪儿挡得了运动的我们！

【品牌个性】激情澎湃，健康活力，挑战自我，永不妥协

案例：网易云音乐，与灵魂对话

2013 年 4 月，网易推出旗下开发的音乐产品——网易云音乐，依托专业音乐人、DJ、好友推荐及社交功能，在线音乐服务主打歌单、社交、大牌推荐和音乐指纹，以歌单、DJ 节目、社交、地理位置为核心要素，主打发现和分享。网易云音乐现已突破了 4 亿用户量，从起初的小众市场突破，到回归内容资源创造衍生价值，网易云音乐一直在构建自己的音乐生活王国，包括 2017 年火热的“乐评专列”“音乐专机”，以及与农夫山泉联手的跨界营销……

作为一个有情感共鸣的音乐社区，网易云音乐的营销策略始终立志于展现无处不在的“音乐的力量”，关注点也始终在“人”上，因而一贯地用音乐内容化、故事化、场景化的拿手好戏来触达用户，打造品牌的核心竞争力。每次营销活动都能看出网易云音乐的用心打磨，也正因如此，网易云音乐才能一次次营销刷屏，被戏称为“一家被音乐耽误的广告公司”。

2018 年，网易云音乐更是延续了“故事 + 场景 + 互动”的营销模式，深耕用户自创内容，加大线下布局力度。在用户眼中，网易云音乐是一个有情感的音乐社区和懂自己的音乐伴侣。

以下介绍几个网易云音乐成功的传播活动。

网易云音乐活动一：2018 年新年营销

2018 年 1 月 2 日，网易云音乐打造了一支在社交网络引发大量关注的 H5，通过首页推荐栏目的《2017 网易云音乐用户年度听歌报告》，用户可以详细地看到自己这一年的听歌“足迹”，看到过去一年中音乐温情的陪伴。还有一个彩蛋 TVC（商业电视广告，Television Commercial）《2018，音乐的力量》，延续了之前的品牌影片《音乐的力量》，剪辑普通人的音乐故事，呈现人们的音乐生活，一起开始拥有新一年的“音乐的力量”。

图 2-9　网易云音乐平面广告

发布年度报告的形式并不鲜见，但网易云音乐用充满人文关怀的文案，在音乐足迹中回忆当时情绪，照见过去的心路历程，成功地让网友们在社交圈晒出专属的音乐日记。在年度报告的最后，还设置了一个 TVC 来让用户在不同的音乐场景中照见自己，持续的“开始”一词带动用户辞旧迎新，在从回顾到展望的心路历程中启动新一年与网易云音乐温暖同行的音乐生活。

2018 年 1 月 4 日，网易云音乐推出了“2018，照见自己”线下主题活动，在北京团结湖地铁站打造了一条“镜面长廊”，在长达数十米的完整镜面上呈现 14 组网易云音乐用户乐评，乐评内容突出“我”和“你”两个关键字，强化照见自己、找到自己的主旨。网易云音乐相当重视乐评，以用户的力量去反馈、感染用户，取用的金句评论往往情感动人、共鸣强烈，激励大家 2018 年能够更勇敢前行。还有一处留白的红色对话框，示意这是给予每个人思考和个性化书写新生活的空间。

同年 3 月上线的乐评笔记书《听什么歌都在像唱自己》直击人心，“只言片语汇聚起来也是音乐的力量，让一群人的喜怒哀乐有了共鸣”，利用用户自身创作的内容，打动其他用户。将线上内容落地到线下，以镜子、书籍为载体让歌曲故事化，让用户通过乐评来交流音乐、感受音乐，传递音乐的力量。

网易云音乐活动二：联合亚朵推出“睡音乐”主题酒店

2018 年 4 月与亚朵合作推出“睡音乐”主题酒店，网易云音乐 · 亚朵轻居主题酒店在成都春熙路正式开业，在万众期待之下，网易云音乐实现了用户“睡音乐”的梦想，同时还推出了一系列吸睛海报。这家主题酒店充满了音乐的元素，黑红配色将网易云音乐的特色融入当中，一楼大厅有整面墙的黑胶唱片，楼层墙面印上了熟悉的经典乐评，靠近休息区的架子上还陈列着网易云音乐周边产品，且都能在这里直接购买。

顶楼露台的露天酒吧也摇身一变成为“睡吧”，常规的椅子变成了“床”，契合了“睡音乐”的主题。更引发强烈关注的是古典、爵士、民谣和 EDM（电子舞曲，Electronic Dance Music）四个主题房间，满足不同人群的音乐喜好。每个房间中还配有主题歌单和蓝牙音箱，让住客完全沉浸在音乐的世界里。

网易云音乐将自身的元素与亚朵轻居酒店联系起来，这种线下布局的形式，让音乐融入日常、融入更多样的生活场景。网易云音乐自身输出 IP 和设计元素，后端的合作方亚朵轻居则为网易云音乐提供了保障，互相借力实现双赢。“睡音乐”四个主题房间更加细分，深刻地把握了个体寻求多样的心理，突出了网易云音乐的文化符号。

网易云音乐活动三：联合屈臣氏跨界“音乐妆容”

2018 年 5 月 25 日，网易云音乐又与屈臣氏跨界合作，线上率先发布“出道挑战”预热视频，并在 5 月 28 日推出“出道挑战”H5，用户可根据喜好定制出道的音乐和造型。线下则联合屈臣氏全国 1400 家门店发布 6 款以音乐为灵感的妆容：复古爵士装、民谣诗意妆、流行风尚妆、轻音夏日妆、嘻哈迷幻妆和古风国色妆。屈臣氏的消费者可以在店面体验这 6 种音乐风格的妆容，并拍摄照片参与活动。同时，网易云音乐在屈臣氏中华广场音乐主题门店还推出了“出道摄影棚”活动，在店内搭建上妆拍照体验区，以智能化音箱、化妆镜实现音乐文化赋能线下场景。

借力选秀节目《偶像练习生》《创造 101》的热点，线上线下联动所打造的沉浸式体验，鼓励每个人成为生活的主角。一连串运用黑科技的有趣互动：H5 魔性造型、音乐妆容、出道挑战拍照区，使用户满意度非常高，同时 1400 多家门店辐射范围广、活动触达率高。

此次网易云音乐与美妆零售店的合作，加之前期推出的“万有引力计划”，与餐饮消费场景的合作活动，都加速了场景渗透，丰富了音乐的服务场景。推动网易云音乐扩大 IP 势能，促进“音乐 + 生活”模式发展，构建音乐生活王国，真正融入人们日常生活的方方面面。

丁磊在其网易云音乐上的简介栏写道：“做音乐是为了灵魂的对话与沟通。”在网易云音乐不只是听音乐这么简单，社交互动、分享乐评同样是一大乐事。其相信“小众不小”的音乐态度以及“音乐社交”的独特定位，掳获了大批资深用户，让用户自愿为情怀买单。

网易云音乐活动四：为亲子频道上线推出广告“萌芽”

2020 年网易云音乐上线亲子频道，该频道包含了丰富的适合不同年龄阶段的儿童绘本故事、视频、儿歌等优质内容，以及与“私人 FM”功能类似的“有娃 FM”，用大数据帮助大人解决了孩子听歌喜好的问题。利用以上功能，父母们可以更省心地进行胎教、哄睡、智力启蒙及早教等育儿活动。

目标客户：网易云音乐用户年龄主要集中在 25~35 岁（占比约 55%），其中女性用户占比约 60%，而这类用户群体多数处于结婚生子的阶段，他们有播放早教内容、儿歌视频等的需求。

为了推广亲子频道，推出了广告——《萌芽》。萌芽是生命萌芽成长的过程，毛不易演唱的歌曲作为背景音乐，“给你我平平淡淡的等待和守候，给你我轰轰烈烈的渴望和温柔……”随着音乐缓缓响起，让人们随着歌声了解了一个泪点满满的故事，短片前半部分按照孩子的成长时间线叙事，将精选的用户故事文案与短片的关键情节同频出现，就好像短片中的妈妈一点点写下了她的心路历程和肺腑之言，更好地与观者产生共鸣。一开始怀孕时的担心忐忑，深夜带孩子看病的焦急，撑着疲倦给孩子讲睡前故事的无奈，送孩子去上学时的不舍，孩子第一次站起来时的惊喜，孩子吃饭为妈妈留位置时的欣慰，孩子送上生日礼物时的满足……描述了妈妈的内心变化：从刚开始的各种不适应、手忙脚乱再到看着孩子慢慢长大、学会独立，心中既欣慰又不舍。由此引起了目标用户群体的情感共鸣——各位妈妈一路生养孩子的艰辛，并且触动了用户的情感心弦，或辛苦、或喜悦的复杂心情都是感同身受的。能够呈现品牌理解用户的一面，由此传递出品牌的陪伴感，同时也传递出“父母应该在孩子羽翼未丰时，给予他更多力量”的理念。

洞察用户心智，借暖心短片激发共鸣效应，正如李奥·贝纳所说：“好广告不只在传达讯息，它能以爱的力量，穿透大众心灵。”亲子频道为 0~6 岁宝宝量身定制每日音乐熏陶歌单，并且歌单还会伴随不同宝宝的成长进度来进行智能更新，让孩子们在音乐环境中更好地成长。品牌将“商业性”让位于“故事性”。不管观众是不是已为人母，都会因这些真情而动容。对于身为父母的人来说，更是对这支短片感同身受。

网易云音乐通过讲述“陪伴成长”的故事，自然引出“音乐陪伴孩子成长”的平台价值。这样“温和”的沟通方式，显然与网易云音乐的形象一脉相承。网易云音乐一直都在走治愈系的路线：从发布网易云音乐年度歌单以及联合海底捞、奈雪探索 AR 小纸条玩法，到启动治愈计划并不断将“治愈”的 DNA 融入品牌中。网易云音乐从最开始的品牌 slogan“听见美好时光”，到当前的品牌 slogan“音乐的力量”，可以看出网易云音乐将听音乐引起的内心思绪与感慨表达出来，与更多兴趣相投的人群产生共鸣，这就是音乐社交，音乐的力量！

【品牌个性】文艺，真情，温暖，品质

第 3 章　传何种情

人是天生的感情动物，一生之中除了亲情、友情，还有令人满怀期待的美丽爱情，感情生活的质量极大程度上决定了我们是否幸福。

3.1　温暖的亲情

唐代诗人孟郊《游子吟》：

慈母手中线，游子身上衣。
临行密密缝，意恐迟迟归。
谁言寸草心，报得三春晖。

案例：美团，暖心快送

美团是一家科技零售公司，以“零售 + 科技”战略践行“帮大家吃得更好，生活更好”的公司使命。“美团优选”是美团旗下的社区电商，采取“预购 + 自提”的模式，赋能社区便利店，为家庭精选高性价比的蔬菜、水果、肉禽蛋、酒水零食、家居厨卫、速食冻品、粮油调味等品类商品，满足家庭日常三餐所需，价格普遍低于市场价。

在传统买菜或者线下购物模式下，用户需要出门到市场挑选商品，往往价格高且售后难。而利用美团优选，用户可在每天 0 点到 23 点通过 App 或小程序下单，次日到门店或团长处自提，最早中午前就可收到商品。在购买、收货过程中遇到问题，用户都可通过团长解决，美团优选提供 100% 售后支持。

“预购 + 自提”模式可实现按需集中采购，并减少商品的运输、存储时间，最大程度保障商品新鲜度并降低损耗，同时节省了最后一公里的配送成本，从而让利消费者，商品价格更具竞争优势。该模式拥有方便快捷、性价比高、时效短、售后服务快等优点。

美团广告一：订单情书

2020 年 7 月，美团外卖为预热骑士节推出一则广告，记录了暗藏在外卖订单里的“情书”，以及美团骑手们在这背后的默默付出，真实还原了繁忙城市生活里的一份日常感动。

“城市里的许多情书，都藏在外卖订单里”，伴随着舒缓的背景音乐，以荒凉的城市景象和深沉的男声旁白作为引入，视频首先用短短 7 秒交代了一份外卖饺子的制作全流程，剁肉、擀皮、包馅、焯水、摆盘、包装，满满的生活烟火气，奠定了情感的基调。

随后，广告向我们还原了数封“订单情书”：寄出者诉说着他们对妻儿的牵挂、对恋人的思念、对父母的惦记以及对陌生人的关怀，每张平凡订单的背后都蕴含着不平凡的故事；而外卖骑手作为传递者奔走穿梭在城市的大街小巷，帮打虫子、帮画小猪、帮扛大米，传达思念、赠送爱心，甚至大送“活人”，根据外卖订单的备注从事着职责范围之外的服务。

随着“武汉加油”而起的音乐高潮落下，夜幕降临，先前一直以背影出镜的骑手才终于露脸，虽匆匆赶往商家取餐却一瞬间眼含泪花。那是一封致骑手的“情书”——“这些饺子送给小哥们，辛苦一年了，好好休息”，类似的还有“路上小心”“不要着急”“辛苦了”“一定小心”“谢谢骑手，你们辛苦了”……

末尾的文案直接点明主题：“每天有 70 万名骑手，用不简单的工作，让我们的生活变简单”，“感谢每一位不简单骑手”，“717 骑士节，登录美团外卖，通过订单留言向骑手说一声谢谢”。

这支视频广告为美团骑士节预热，也向所有外卖骑手表达感谢、鼓励与祝福，同时让客户见证“订单情书”里无数的爱与感动，希望通过温情营销能够引起大众的共鸣，提升骑手的社会形象，从而带来品牌认同。

“订单情书”为我们还原的故事中，有亲情、有爱情、有公益爱心，更有家国情怀，特别是在后疫情时代背景下，视频中描述的这种大爱小爱集体汇聚的场景，能够唤起大众在疫情时期的经历体验与回忆，使得情感蔓延更广泛、情感共鸣更深刻。

外卖骑手的本职工作是按时将物品完好配送到顾客手中，在面对一些职责之外的“越线”请求时，他们没有选择漠视，而是在顾客无暇顾及、相隔万里的情况下及时伸出援手，成为爱意与善良的中转站，温暖着每个家庭，传递着人们之间的真情。广告在 3 天内达到了 1500 万次微博播放量、44 万个抖音点赞的传播度，评论区里也不乏网友们相似经历的分享与共鸣，其中不仅仅有客户对骑手的感激，同样还有外卖骑手的感动，非常能够触动人心。美团外卖以“订单情书”对骑手的付出表达认可与激励，引发客户情感共鸣，从长远来看能够赢得客户和骑手的认同感，进而为品牌带来长期的积极影响。

美团广告二：明天一定到

广告根据真实故事改编，讲述了一个温情朴素又令人动容的故事，围绕着一位母亲探望生病女儿的 24 小时路途，真实地记录了母亲为爱奔波的整个过程。一开始，母亲在电话中埋怨女儿隐瞒病情，放下电话后，母亲便火急火燎地赶路，去看望刚刚做完手术的女儿。为了给女儿补充营养，她随身带着一只活鸡。母亲原本想带更多的菜，却发现塞不下，于是便尝试让丈夫在美团优选上下单，买了活鱼和其他食材，为的是女儿吃得新鲜营养。随后故事便分为两条线展开（而此刻广告就向着“明天”开始 24 小时倒计时），一边是母亲的辛苦跋涉，一边是美团优选送货的井然有序，画面在两者对比中来回切换。

母亲旅途上遇到了一系列困难，比如大巴车上不让带活鸡，经过母亲的苦苦哀求，终于还是带上了车。为了让鸡不挨饿，能够为女儿补充更多营养，母亲还将自己仅有的馍馍和水都拿来喂鸡。

图 3–1　美团优选“明日达”的广告

当母亲坐上摩托车时，美团优选的大仓正在智能分拣；当母亲因被火车站阻拦而换乘巴士时，美团货车正在路上奔驰；当母亲逢人问路、终于到达小区门口时，美团自提点的店长早已将货品清点完毕。

母亲到达陌生的城市，精疲力竭，说着一口不太纯正的普通话四处问路。到了女儿家门口，为了掩饰自己仓促赶路的慌张，略微收拾后才开始敲门。而见到手术后虚弱的女儿，这位母亲又强忍泪水，急忙张罗着为女儿做饭。母女之间四目相对的情感流露，最为真实和动人。

当女儿一脸幸福地吃着妈妈亲手做的饭菜，画面切换到美团优选的仓库，随即打出口号：“如妈妈一般坚定，兑现每个‘明天到’的承诺。”一个好的品牌，将品牌与人的情感紧密相连。广告中美团配送的不仅仅是商品，还侧面反映出无论路途有多遥远、多艰辛，都能一定在“明天”给顾客送达完好无损的商品，就像是一位母亲内心深处对孩子迫不及待的爱。广告短片《明天一定到》一上线就在媒体圈、影视圈疯传，视频号官方视频在一天时间内就破 10 万次点赞，播放量已超千万人次，并迅速登上 B 站热门榜，引起满屏的共鸣，收获良好口碑。很多观众纷纷留言：不仅赚了我的钱，还赚了我的眼泪。也有很多观众表示以后会用美团优选给父母买日用品，并多关心自己的家人。

美团优选洞察到当代人忙碌生活下无法陪伴家人的痛点，采用了人之常情的品牌表达方式，树立起了人文主义的品牌形象。从用户的情感需求出发，达成心灵上的共鸣。正如广告大师李奥·贝纳所说：好的广告不仅是在传达讯息，它总能以温暖人心的情感力量穿透大众心灵。情感营销可以满足顾客情感上的需求，使之得到心理上的认同，从而产生偏爱，形成一个非该企业品牌不买的忠实顾客群。

广告短片双线并行，既呈现了美团供应链管理的硬实力，以及使命必达的信念，又赋予了“明日达”一种人性化的温度。而打动人心之处在于真情实感，写实拍摄，用纯粹的感情去打动观众。广告中的母亲，是现实生活中无数母亲的缩影，她们为了儿女无私奉献。在外漂泊的年轻人，最怀念的莫过于妈妈的味道。面对隐瞒病情的女儿，那一声声充满关爱的念叨，更是让无数人想起了自己的母亲，这是在每段母女关系中都会出现的场景，让我们有代入感，更能感同身受。

美团优选的情感卖点总结：①通过优质服务来提高用户的生活品质，承载着用户的寄托，坚守着对用户使命必达的情感承诺。通过承诺以及情感塑造的方式来增强品牌与用户的情感联系，提高用户对品牌的信赖。②产品物美价廉，具有高性价比，抓住了我国消费观念中“勤俭节约”的理念和情感。③传递对美好生活的追求。美团优选提供和售卖的不仅仅是服务和产品，更是在传递着一种对美好生活的追求和向往，对用户的承诺是“明日达”，希望通过自己的服务来为用户提供高品质的生活，在不确定中，给用户增添一份幸福感。

美团广告三：妈妈爱花，我们爱她

广告一开始便通过切入各种有趣的生活场景，介绍妈妈有多热爱花卉。在衣服、戒指、帆布袋、女儿甚至狗狗的睡衣、拖鞋、阳台、床单、保温杯、吊灯、挂画、马桶坐垫上，都种着鲜花或者印着花卉的形状与图案。同时，视频通过穿插对比妈妈们热情开朗的面容与年轻人们困惑不解的神情以及一声声哭笑不得的“妈！”诙谐地展现了两代人之间碰撞出的小火花。最后，顺理成章地将每条线都引至母亲节这天妈妈们收到了孩子们通过美团外卖送来的鲜花，点明了全片的主题。

图 3-2　美团外卖的送花广告

美团外卖是我们耳熟能详的网络外卖平台，甚至可以说已经是我们生活中的一部分了。自 2010 年 3 月成立以来，美团持续推动服务零售和商品零售在需求侧和供给侧的数字化升级，和广大合作伙伴一起努力为消费者提供品质服务。2018 年 9 月 20 日在港交所挂牌上市后，美团始终以客户为中心，不断加大在新技术上的研发投入。美团以外卖服务为主线，贯穿我们生活中衣食住行等方方面面，本次的母亲节广告片，则意在推广旗下的鲜花配送业务。

在大众传媒完全普及的现代社会，对于堆砌夸张视觉效果与华丽辞藻的传统广告，大众产生了审美疲劳与抵抗力，即使是天价明星代言也效果不佳。本片在厦门就地取“材”，片中的每位“妈妈”全部是受邀参演的素人，片尾妈妈们充满年代感的老照片也都是摄制组从身边人搜集而来。这些妈妈们在广告片中的形象相比明星更加亲切自然，真实的笑容也更有情绪上的感染力，让人不由得也想起自己的母亲。

本片从非常多的生活小角落，趣味横生地介绍了各位妈妈对花朵的热爱。镜头的语言就宛若以我们自己的视角身临其境，或者我们日常生活中手持摄像机拍摄的感觉，就像是我们自己在发掘妈妈们一个个爱花的小秘密一样。以此最终引出美团外卖的鲜花配送业务，便显得顺理成章，清新脱俗不造作，不会让人从心理上对片尾出现的广告宣传产生反感。

【品牌个性】温暖，亲情，快捷，专业

案例：丰田，父爱的注视

2015 年父亲节前夕，丰田汽车发布了一条微电影广告片——*Loving Eyes*，主题为“爱是在你看不见的地方守护”，获得广泛好评。广告分别以父亲和女儿的视角用琐碎温情的日常镜头讲述了女儿从呱呱坠地到长大成人的完整过程。虽然没有过多台词，但是真实的生活场景和深厚的情感表达足以打动人心。

一辆红色的汽车映入眼帘，一个人将印着“BABY IN CAR”的贴纸贴在车前。随着主人公视角的移动，只见一个女人抱着婴孩，递到主人公的眼前。“最初，是来自那份幸福的踌躇”，伴随着主人公的声音，一只大手小心翼翼地触摸婴儿柔嫩的脸颊，故事拉开帷幕。

父亲的视角，即镜头代表父亲之所见。他抱着婴儿小心翼翼放到后座，然后轻轻开动汽车，不时透过后视镜查看婴儿状态。切换场景，音乐响起，镜头转移到长大了一些的小女孩身上，她笑着来抓父亲手里的饮料。镜头又转，女儿在赌气闹情绪，父亲和气地抱着她到后座。镜头又一变，后视镜里可以看见一只灰色的大熊玩偶，应该是父亲买给女儿的礼物。再一转，车后座母亲抱着病恹恹的女儿，父亲加大油门，疾驰向医院。然后是送女儿上学，父亲隔着车窗与女儿依依惜别。女儿又长大了，戴着耳机，眼里都是疏离，接过父亲递过来的手套，不耐烦地说了声：“谢谢。”镜头转向车内，看到女儿在后座背单词，父亲默默关掉了音乐。后视镜里的灰熊玩偶，后视镜里白天和黑夜以及空空的后座……画面暗后又亮，随后后座出现一件整齐叠放的西装，镜头切换，长大成人的女儿身着婚纱递给他一束白色的花……同样的一双手，在车上贴上“BABY IN CAR”的贴纸，只是女儿成了那个抱孩子的人。

镜头一转，只见一个男人在车后贴纸，“最初，是来自太阳的味道”。伴随着镜头拉近，男人回过头，一脸幸福地笑着：“哟，醒了啊。”

图 3–3　丰田品牌平面广告

女儿的视角。映入眼帘的是父亲小心翼翼的样子，将女儿放好之后回到驾驶座上，一边回头一边启动汽车。父亲开车即使很困很累，也要强打起精神，甚至拍着自己的脸来继续开车。父亲会逗她，也会送她灰熊玩偶，送她上学，跟她挥手再见，会陪伴她一起玩耍，会为她擦拭泪水。她赌气不坐父亲的车，他也会在天桥底下静静地等。有时候怕打扰她，父亲会悄悄关掉音乐。婚礼上，父亲不像以前那样年轻帅气了，斑白的头发和老花镜，都是岁月留下的痕迹。镜头一转，父亲在车上贴纸，回头对她微笑，只是苍老了许多。

已经变为外公的父亲为一部丰田家用新车贴上崭新的“BABY IN CAR”的贴纸，与开头呼应。最后，年迈的父亲载着女儿和外孙上路行驶，眼看就要撞到前车的千钧一发之际，丰田车启动自动紧急刹车，化险为夷，转危为安。最后两人相视一笑，“所谓爱，就是在你看不到的地方注视着你。那份目光，也在车中”，“爱无处不在，Toyota为爱而造”，提醒人们这是一款拥有驾车安全系统的丰田车。

广告分别以父亲和女儿的视角讲述生活日常，伴着音乐讲述父亲对女儿不求回报的付出，让女儿可以无忧无虑去追梦。广告以父女亲情演绎出车在家中的重要地位。虽是极为普通平凡的父女相处，却在视角互换之下处处体现出爱，让观众产生情感共鸣，进而打动观众。

【品牌个性】安全，温暖，亲情，品质

3.2 浪漫的爱情

唐代诗人张九龄《望月怀远》：

海上生明月，天涯共此时。
情人怨遥夜，竟夕起相思。
灭烛怜光满，披衣觉露滋。
不堪盈手赠，还寝梦佳期。

“爱她，就请她吃哈根达斯。”这句最著名的广告语，将甜蜜的味道和爱情完美地结合在一起，使哈根达斯迅速在北京、上海、深圳等发达城市蔓延，迅速受到都市青年的青睐。作为一个卖品牌概念以及通过营销策略营造出来的高端冰激凌品牌，哈根达斯之所以成功，原因在于它营销的不仅是冰激凌，还有一种浪漫与甜蜜。

案例：德芙，为爱而生

德芙巧克力是美国玛氏（Mars）公司出品的系列产品之一，其品种丰富，包括果仁巧克力、丝滑牛奶巧克力、榛仁葡萄干巧克力、杏仁牛奶巧克力、摩卡榛仁巧克力、榛子酱夹心巧克力等。1989年德芙进入中国，1995年成为中国巧克力领导品牌，“牛奶香浓，丝般感受”是其经典广告语。

德芙品牌创立于20世纪40年代，创始人莱昂是一个希腊裔美国人，有一天他看到儿子不顾安危地在大街上紧追一辆冰激凌车，出于对儿子安全的担忧，这位芝加哥糖果店老板决定开发一种优质的巧克力冰激凌。经过数月调整配方，这个因爱而生的巧克力冰激凌终于问世，并被命名为德芙。到20世纪70年代，每年热销上百万件，喜爱的人群日益扩大。

1986年玛氏收购了德芙，相继推出了牛奶巧克力和黑巧克力等新口味，续写了德芙的传奇，并一直流行至今。正是对质量孜孜不倦的追求，才造就了德芙巧克力香醇的味道和丝般顺滑的口感。从品牌命名“DOVE”来看，可以解释为“Do you love me”的含义，或者“得到你是我一生的幸福”。同时DOVE的中文翻译是“鸽子”，还是和平的象征。正因如此，因爱而生的德芙受到了全世界越来越多人的喜爱。

德芙品牌在市场上具有很高的品牌知名度，市场占有率达35%。同时，德芙的消费者具有较高的品牌忠诚度，且不断通过口碑传播，影响着其他消费者。

德芙巧克力有许多不同的产品品类——德芙榛子巧克力、黑浓巧克力、脆巧心巧克力、麦芽脆心巧克力等，充分满足了不同消费者口味的需要。在终端推广上，德芙一直坚持“市场生动化”原则，这主要体现在3个方面：分布面广——买得到；显而易见——看得到；随手可及——拿得到。在终端陈列和展示方面，讲究对消费者的第一印象，能够引起消费者的消费冲动和购买欲望。在宣传方面，德芙充分利用了海报、挂旗、粘贴、塑料架头牌、货架头牌、飘吊物、陈列纸柜、德芙专用陈列架、收银台货架、热点货架、散装货架等。在促销方面，德芙寻求最好的促销陈列机会，极大地促进了产品销售。现如今，德芙巧克力已成为人们传递情感、享受美好瞬间的首选佳品。

目标顾客设定女性

德芙巧克力面向的主要消费群体分为两类。一类首先是15~24岁时尚前卫的年轻人，主要是大学生群体。德芙抓住年轻人的消费心理，懂得时尚与浪漫，感情丰富。多数年轻人都喜欢品牌类的产品，但局限于收入，部分年轻人对巧克力的消费频率不高。其次是 26~40 岁的城市中等收入女性，这些都市白领时尚、知性、懂生活、有品位，对德芙的消费频率较高。

德芙的另一类消费群体是儿童，一般由长辈为孩子购买，特别是 35~44 岁的人群，这一比例较高。

广告语“牛奶香浓，丝般感受”，将产品与高质量的生活相联系。德芙广告首创“丝感”概念，强调了巧克力细腻滑润的感觉。用丰富的联想，把这种感觉与丝绸滑腻轻柔的质感结合，营造出舒适、优雅、浪漫的意境，让顾客感觉只要吃一块德芙，生活就会更加美妙。可以是在阅读的时候，也可以是在听音乐的时候……德芙将产品与一种高质量的生活联系起来，不仅突出产品的特性，而且展现了生活趣味。

图 3–4　德芙的平面广告

用情感为品牌添色

“你不能拒绝巧克力，就像，你不能拒绝爱情。”这句动人的台词来自一部孟京辉执导的话剧《一颗巧克力的心声》。这部话剧将巧克力与爱情巧妙衔接融合，正是德芙赞助的艺术与商业的跨界之作。事实上，从植入《杜拉拉升职记》到赞助艺术舞蹈演出，再到携手孟京辉团队推出这部话剧，德芙一直在敏锐地观察消费者情感和生活的变化，尝试触及消费者内心的情感和心灵。

情感诉求和幸福营销无疑是德芙广告最为成功的一部分。广告中的女孩优雅，个性独特，享受生活，拥有满满的幸福感。这也是德芙精神层面的品牌形象，鼓励广大女性追求个性生活，享受生活中所有美好的事物并由此得到幸福感。通过分析可以发现，爱情、友情、亲情都是德芙巧克力经常表达的主题；家庭、公园、街头都可以成为德芙广告的场景；通过广告的话语建构，德芙巧克力被赋予了分享喜悦、爱恋、年年得福、送礼更添心意等品牌寓意。

德芙品牌的背后流传着一个卢森堡芭莎公主和宫廷甜点师凄美的爱情故事。虽然只是传说，却已深入人心，极大地巩固了德芙为爱而生、只给最深爱的人的深刻寓意。德芙的视频广告一向以甜美、温馨、欢快为主题，轻快的音乐贯穿，让欢快的情绪迎面而来，无论是场景设计还是文字独白，都具有难以抵挡的魅力，从而让消费者产生购买欲。

德芙的广告主张一直定位在丝滑上面，从前的广告语“牛奶香浓，丝般感受”以及现在的“此刻尽丝滑”都能很好地体现这一点。广告文案为了更好地展示出巧克力的“丝滑”，妙用比喻的表现手法，用一条飘动的丝带生动地表现其丝滑口感。

德芙广告不仅在品牌名称上贴近“得福”这样的祝福词，更是在广告中描述感情，传递感情。在生活中，德芙巧克力通常作为情人节礼物或其他佳节礼品赠与爱人、亲人、友人……以此来作为传递情感、增进感情、享受美好瞬间的首选佳品。今天，德芙巧克力已经成为人们心目中独一无二的经典品牌，它之所以如此成功，就在于它针对人们心中最柔软的情感提供了一整套愉悦的心灵体验。

德芙广告一：年年德芙贺岁篇

2017年，德芙推出了以关晓彤为代言人的广告“年年德芙贺岁篇”。

该广告有两个版本，一个是15秒版本，另一个是长达5分钟的微电影版本。微电影版本一经发布，就引发轰动性反应，无数网友观看时泪如雨下，承认被广告故事中那浓浓的亲情所打动。

广告以关晓彤饰演的主人公田田和母亲为故事主角，围绕具有节日象征的“写福字”衔接整个故事。画面开始，田田在大街上卖花，听到买花的小女孩跟妈妈说了句“年年得福”，联想到自己从小到大，妈妈都会对她说的春节祝福语。田田回忆起小时候和妈妈在一起的一幕幕场景，意识到现在自己和妈妈渐行渐远。于是，田田决心今年一定要回家陪母亲过年，回家后她看见桌上有一盒德芙，打开发现里面都是自己从小到大在不同阶段写的福字，其中有一张还是自己曾经发脾气撕碎的福字，最后被妈妈用心粘到了一起。看到这里，田田将盒子里这些年缺失的福字全部写完，并将这些福字装裱起来挂在墙上，母亲回家看到女儿和墙上的福字，母女二人相拥而泣。最后，广告画面以德芙巧克力经典广告语“年年得福”结束，“年年得福”发音即为“年年德芙”。

这种感人的家庭故事非常写实，有很强的代入感，激起很多年轻人的共鸣，使他们不禁联想到自己小时候跟父母闹矛盾，悔恨自己的年少无知，伤害了最爱的亲人。这则广告片上线当天就引发了超过1000万人的点击，5天之内浏览量更是突破2500万人次。在广告投放时机方面，德芙抓住新年这个特殊的节日，作为贺岁广告片播出，意在用家庭之间的亲情来打动受众，呼吁更多的游子能回家看看，多关心父母，多关注亲情。德芙巧克力广告善于表现各种情感，体现出浓浓的人情味，同时又让德芙的广告语“年年德芙”深入人心，传播效果非常好。

德芙广告二：系列爱情广告

其一，书店篇。郭采洁扮演一位书店店员，而男主角房祖名在她这里订书，每次来询问的时候都会送她一块德芙巧克力。虽然书早就到了，可是郭采洁还是扣留起来不给他，手里拿着德芙巧克力，俏皮地对男主角说：“明天再来试试吧！”

其二，圣诞篇。两人就这样一来一往，从小暧昧走到了圣诞节，男主角拿着德芙巧克力敲开了女主角的门，举着一盒巧克力笑着对她说："年年得福"。没想到女主角拉开了半掩着的门，家里竟有一大群朋友，女主角分发德芙给朋友们，转身对男主角妩媚地说"那我的呢"，男主心领神会，立即冲出门去买德芙。

其三，情人节篇。情人节男主角带着德芙兴冲冲地来到女主角家，没想到屋里又有一大群朋友在聚会，女主角傲娇地说"你带得不够多"，随即介绍朋友们给男主角认识。男主角很受女生们欢迎，女主角吃醋地说道"他是我的"。男主角听了此话便开心地晕了过去，最后画面停留在女主角尽情享受德芙带来的愉悦丝滑。

这 3 则广告的画面清新自然，情节设计高潮迭起，不落窠臼。采用生活化的场景，在书店买书，情人节和圣诞节都紧贴大家的生活，让人对品牌产生亲近感。广告鲜明愉悦的画面色彩、别具匠心的背景音乐，塑造了甜蜜暧昧的情感氛围。两人因为德芙产生的丝丝爱慕，朦胧又暧昧的气氛都非常微妙，营造出来的情感诉求让人感觉温馨可爱。德芙善于利用视觉刺激消费者，独具魅力的丝滑口感与香醇回味，征服了众多爱好者的心，令品尝德芙巧克力的愉悦一刻成为味觉与心灵的双重享受，显著提升了品牌的质感和竞争力。

【品牌个性】浪漫，温馨，亲情，幸福

案例：DR，用一生爱一人

"钻石恒久远，一颗永流传。"从这句话问世开始，爱情的附加品就又多了一个，钻戒成为钻石最大的用途。钻戒被用来表达爱，如求婚时用钻戒、结婚时交换钻戒，越来越多的人开始喜欢钻戒，这也就意味着开头那句广告词奏效了。

DR（Darry Ring）钻戒是深圳迪阿股份旗下的钻戒品牌，与其他珠宝品牌不同，每位男性凭借自己的身份证只能定制一枚，销售后台会绑定你的身份证、签订真爱协议、打造恋人专属空间等，让你的爱情更具仪式感。只要登记在册，在另外的 DR 门店就无法定制钻戒了，因为购买须知中明确写着："您已考虑清楚受赠人是您的一生唯一真爱。将来无论任何原因，都不能再送第二人，且不能删除购买记录。"

在此经营理念之下，当其他品牌想方设法鼓动消费者掏钱包时，DR剑走偏锋，将钻石和爱情忠贞绑定起来，营造出来的"真爱文化"以及"不是你想买就能买"的购买规则，俘获了大量追求浪漫的年轻人并迅速走红。因此有人调侃说，女生要想看看男朋友是不是真爱，就要带男朋友去DR定制一枚钻戒，看看自己是不是第一个他想结婚的女孩。

这种反其道而行之的营销，确实更能博得关注。DR曾经有个广告：有好几个顾客来买钻戒，但是都被拒绝了。不卖给未成年人，担心还没考虑清楚什么是真爱；不卖第二枚，因为当事人给前任买过一次；女生不能独自购买，因为DR不是装饰品，只能让男朋友带身份证来买……

这些做法赋予了DR"让爱情变得更美好"的使命，鼓励每个人都要勇敢追寻爱情，倡导"用一生爱一人"的真爱信仰。求婚可以说是爱情里不可或缺的神圣仪式，是每个女性心中最美好的幻想期待，也象征着两个人婚姻生活的开启。在成功定制DR钻戒之后，DR会在官网上为恋人打造浪漫专属空间，为新人记载专属戒指信息，还可以让新人写下自己的真爱宣言，并且分享自己生活中甜蜜的瞬间。用一生爱一人，这不仅和品牌使命相呼应，还给了消费者更高的吸引力，尤其是爱情中的男女。因为在爱情中，人人都希望是对方的唯一，而DR这样的宣传，也正好为情侣创造了这样的寓意。

在这个浮躁的时代，忠贞的爱情快要成为传说。但无论时代如何改变，每个人内心深处依然渴望一生一世的真爱。DR希望通过自身力量让爱情变得更美好，让坚信真爱的人都能找到心灵的归属，并把真爱信仰传播到世界的各个角落。

DR钻戒以"让爱情变得更美好"为品牌使命，用心用情设计加工，以备每对恋人精心挑选。目前，DR钻戒全球直营店超600家，覆盖法国巴黎、中国香港和内地约200个城市，并于2018年开张巴黎卢浮宫店。DR体验店数量快速增长，为更多消费者提供优质浪漫的真爱服务。

图 3–5　DR 钻戒的平面广告

DR 的一枚钻戒价格从几千元起步，到上百万元不等，不同的消费人群都能在 DR 官网找到自己的真爱信物。一般来说，学生族或刚踏入社会的年轻人手里的积蓄不多，DR 设计了 30~50 分的钻戒供客户选择，价格仅几千元，它也有着 DR 品牌理念誓言的加持，性价比极高。

面向工作了几年的白领，DR 提供 50 分至 1 克拉的求婚钻戒，价格普遍在 3 万元以上。而经济基础较好的男士，有 1 克拉以上的 DR 钻戒可以选择，价格为 7 万 ~10 万元，是大部分男士的选择。对于富裕阶层的人来说，3 克拉钻戒、5 克拉钻戒甚至是 9 克拉钻戒 DR 也有提供。

虽然恋人们购买 DR 钻戒的价格有所不同，但在爱情面前，人人都是平等的。只有一生只爱一人的男生，才有资格购买这枚 DR 求婚钻戒。据说每枚 DR 钻戒都必须达到 3 项完美指标：完美的角度比例、极致的对称性、完美的镜面放射。

DR 钻戒签约了许多影视界、文化界的“模范夫妻”或者“神仙伴侣”，比如，李承铉、戚薇，吴京、谢楠，郎朗、吉娜，苏炳添、林艳芳，利用明星效应弘扬正能量。通过“一生爱一人”打响自己的品牌知名度之后，DR 吸引了无数单身男士购买其产品。迪阿股份挂牌上市之后，股价大涨，总市值达 660 亿元。

翻看抖音、微博等平台的热点话题搜索情况，DR 远远超越了其他竞争对手。由此可见，与其他传统珠宝公司相比，DR 更擅长营销。情感营销要依托人类的美好情感，比如亲情、爱情、友情、爱国之情等。这些美好情感的融入，不仅让营销和产品拥有了生命力，也激发了产品和消费者之间的共鸣，并由此建立起顾客的忠诚度。

【品牌个性】浪漫，忠诚，爱情，幸福

3.3 纯真的友情

如果提起“知己”一词，很多人都会想到“俞伯牙、钟子期”的高山流水遇知音。但是，其实嵇康和山涛的友情，比起他们也是毫不逊色的，因为中国古话说得好：患难见真情。

故事：一生知己《绝交书》

提起魏晋，就让人想起魏晋风度，而其代表人物就是大名鼎鼎的“竹林七贤”。主要人物有：嵇康、阮籍、山涛、向秀、刘伶、王戎及阮咸，他们狂放不羁、崇尚自然、蔑视权贵的精神，滋养着后世相当多文人的精神世界，虽不能至，心向往之。他们七人之间也结下了深厚的友谊，比如嵇康和山涛。《晋书》记载他们的友情：山涛与嵇康、吕安善，后遇阮籍，便为竹林之交，著忘言之契。

嵇康（224—263）是竹林七贤的核心人物，早年间和阮籍、山涛交往颇深，三人志趣相投，推杯换盏，吟诗作对。山涛曾邀请嵇康和阮籍到家做客。山涛的妻子就对山涛说，你的才情跟嵇康、阮籍相比差得太远，你唯独在识度方面能和他们做朋友。

后来山涛职位升迁，从选曹郎升任大将军从事中郎，进入司马昭的幕府工作。山涛就计划让嵇康来接替自己的选曹郎职位。因为嵇康一向对司马家以下犯上、攫取曹魏政权的行为不满，所以对山涛投靠司马氏非常不满，于是嵇康写了一篇千古名文《与山巨源绝交书》。

这封《与山巨源绝交书》洋洋洒洒 1800 多字，除了列出自己有“七不堪”“二不可”，不适合出仕做官，还直言痛斥山涛之举，不合交友之道，不配做他的朋友，甚至唾骂山涛为“己嗜臭腐，养鸳雏以死鼠也”，即吃老鼠腐肉的猫头鹰，言辞辛辣刻薄，不留任何情面。

以嵇康在当时文坛的影响力，这篇文章已经直接将昔日老友推到了对立面，钉在了文化的耻辱柱上。这对于一个文人，且一直对嵇康怀有善意的朋友来说，该是多么痛心。可是山涛没有任何发言，默默承受了一切。

也可能在竹林中饮酒赋诗、觥筹交错、击缶而歌、迎风而啸的时光中，他们已经对彼此的性情了若指掌，以山涛的大度包容，他或许明白昔日好友只是对事不对人，借此抒发内心的愤懑。

现在对于他们的心情我们已不可考。只是知道，嵇康临终前，既没有把一双儿女托付给哥哥嵇喜，也没托付给志同道合的好友阮籍，而是托付给了已经绝交的山涛。嵇康临刑前对儿子嵇绍说：“巨源在，汝不孤矣。”这是一种什么样的了解和信任，才能够放心地把自己的身后事交托给一个已经绝交的人！

山涛果然不负嘱托，最终将嵇康的儿子养大成人，他不光是养大了嵇绍，还将他视如己出、费心教导。后来，嵇绍在山涛的举荐下，成为一代名臣，留下了“嵇绍不孤”的典故。

山涛曾在嵇康去世 20 年后，对嵇绍说：“为君思之久矣，天地四时，犹有消息，而况人乎？”时隔 20 年，山涛对朋友嵇康的思念仍然是那么深厚。

嵇康与山涛，一个忠心于曹魏，一个效力于司马氏，他们政见不同，嵇康用最刻薄的语言痛骂山涛，写绝交书。但在嵇康心中，山涛永远是最值得托付的朋友，而在山涛心中，嵇康永远是最值得怀念的知己。他们的友谊，绝交于江湖，相知于内心。

案例：文艺青年江小白

江小白是重庆江小白酒业有限公司旗下江记酒庄酿造生产的一种自

然发酵并蒸馏的高粱酒品牌。公司致力于传统高粱酒的老味新生，以“我是江小白，生活很简单”为品牌理念，坚守“简单包装、精制佳酿”的反奢侈主义产品理念，坚持“简单纯粹，特立独行”的品牌精神，不仅渗透进21世纪的现代青年生活的方方面面，也繁衍出“面对面约酒”“江小白Just Battle国际街舞赛事”等文化活动，受到了年轻消费群体高度认同和追捧。2012年，江小白被誉为“中国白酒时尚化创新第一品牌”“中国第一时尚白酒”“潮酒引领者”。

公司持续打造“我是江小白”品牌IP与用户进行互动沟通，持续推动白酒品牌的时尚化和国际化。

其一，定位和产品创新。江小白将产品定位为“小聚，小饮，小时刻，小心情”，正是瞄准了现代人饮酒方式的转变。酒自古以来就是中国人聚会必不可少的饮品，它是建立人与人之间联系与沟通的桥梁，是打开话闸的催化剂，但不健康的饮酒方式不值得提倡。现代人逐渐重视健康、养生，转变饮酒方式，提倡小酌几杯，以达到一种微醺的感觉为美妙，江小白瞄准这点，开发出小瓶、低度的产品，让饮酒不再成为负担。

为了适应年轻人的需求，江小白进行了大胆的尝试与创新，重点打造纯净清香的口感，去除了传统白酒浓香的特点。江小白的定位是“青春小酒”，采用单一高粱小曲酿造，工艺标准化，品质稳定，入口绵甜，后味较长，略带有苦味。江小白打造了100多种口感，可以混合红茶、绿茶、冰块等，这种全新的混合喝法也满足了江小白消费对象的不同需求，为其带来不一样的喝酒乐趣。

其二，外观及包装创新。在外观上，江小白设计的瓶体是磨砂面的，握在手上很有质感，瓶口用的是防止二次灌装的瓶嘴设计，有一定的预防假酒流通的作用。瓶盖采用铝合金材质，由于瓶子本身比较重，质量比较好，给人的感觉就是简单而不失高档。江小白抓住了消费群体年轻、时尚，同时追求一种简单、不失高贵的生活特点，在包装上没有采用传统白酒的奢华与高贵的风格，而是采用了卡通的人物形象，即一身休闲西装配着黑框眼镜，围着一条简单的围巾。这种人物形象能够与消费者产生强烈的心理共鸣，配上俏皮的网络语言，让江小白赢得了年轻消费者的喜爱与青睐。

图 3–6　江小白的平面广告

江小白的目标顾客是年轻消费群体。据相关学者研究，“80 后”“90 后”作为消费群体的主力军，注重个性和自我，喜欢追求时尚，表现出大胆叛逆的消费行为，在物质上更注重感性，追求简约的生活态度。分析江小白的 33 篇广告文案，分别围绕“80 后”和“90 后”年轻消费群体的个人生活、青春、理想、友情、爱情、家庭、孤独、心灵和酒九个主题进行创作。在广告文案创作中会用到一些带有个人情感色彩的抽象词语。如在动词方面，有希望、羞耻、忘记、只想、摆脱、知道、恐惧、坦白、告别等；在名词方面，有爸爸、青春、老朋友、心、梦想、理想、孤独、故事、情感等；在形容词方面，有急、傻、快乐、舒服、丰富等。

江小白形象拟人化，每款瓶身个性化的文案，以及颠覆传统庄重严肃的整套 VI（视觉识别系统，Visual Identify）设计，一直在用实际行动告诉广大消费者，白酒文化也可以很新潮、很年轻，白酒品牌也可以很青春、很叛逆。江小白在不断向消费者输送其品牌价值观与品牌情感的同时，重构了年轻人心目中的白酒文化。凭借着对消费者情绪的深度挖掘，用直达人心的文案表达，改变了传统白酒过于死板的特点，引发了白酒市场上时尚与传统的碰撞，戳中了很多人的情绪，引发了强烈和普遍的情感共鸣。

江小白有很多个性化包装用语，比如“总觉得没喝够，其实是没聊够”“哥喝的不是酒，而是情绪”“没有完全自由的人，只有真正自在的心”等，借助包装广告文案和内容，抓住了年轻人追求个性、充满情怀和理想的特点，利用文字这一最为简单的形式契合了这一市场的情感需求。此外，设计出一些固定的网络话题，如“我有一瓶酒，有话对你说”“简单生活”，让网友们能够随时在话题下畅所欲言，进行长期的交流和分享。这些话题的设计不仅可以不断地加深网友对江小白品牌理念的认识和认同，同时还可以培养他们的互动习惯，建立情感联系。

江小白还举办民乐电子音乐派对、街舞赛事、涂鸦比赛、街头文化节，开办街头小酒馆快闪店，制作《我是江小白》国产动漫青春偶像剧，赞助影视剧与综艺节目，等等，不断输出“年轻人就该喝江小白”“喝江小白才能畅聊青春和人生”的理念。

其三，文化及传播创新。江小白将目光锁定在年轻消费群体身上，除了强调品牌形象的宣传，还从白酒的饮用氛围、酒桌礼仪等传统白酒文化入手，全方位地建设自身品牌文化的架构。如“低质量的社交不如高质量的独处”，不同于传统白酒文化中，只在人多热闹时才喝白酒的习惯，它鼓励年轻人勇敢大胆地说不，放弃无用社交，将更多注意力集中在自己身上，一个人也可以愉快地自斟自饮，没必要为了不重要的人浪费自己的时间和生命。对于年轻群体来讲，这些文案恰到好处地讲出了他们的心声，轻松、自由是“江小白”展现出来的白酒文化与品牌价值。这是一个有真实感、有态度的产品，这种真诚拉近了与年轻消费群体之间的距离，品牌做到了在与他们真实对话的同时，也与他们进行了亲密的连接，为重新定义白酒文化、输出自身白酒品牌提供了大量受众。

为了保持消费者对于品牌长久的认知与记忆，江小白利用新媒体，通过口碑传播及裂变式传播，将白酒文化中的天然的社交基因更好地运用到社群与社交的传播中来。例如，一年一度的“约酒大会”，充分利用新媒体的优势，借助微博、微信等平台进行大力宣传，打造这一主题活动的概念与情感，在目标消费者中进行二次传播与社交互动。在传播过程中，把自身的品牌价值观通过“约酒大会”等“带感”的活动传递出去，让年轻的消费群体感受到品牌方强而有力的态度，也形成他们通过产品和品牌带来的社交体验。

强化江小白的个性特征。江小白在“青春时尚”这一领域做得很出色，已经取得了领先优势。一是时刻洞察市场的变化，掌握消费者的消费心理，使人只要一提到青春时尚小酒，脑海里浮现的就是江小白这个品牌。二是持续创新满足消费者，比如当下流行什么，在江小白的瓶身上就会出现什么语录。

品牌个性带来情感共鸣。江小白品牌以青春为主题，凸显年轻消费群体个性、自由的价值观。通过瓶身传播一针见血的文案，放大产品与品牌价值之间的关联，为年轻消费群体高负重的生活压力和难以释放的精神压力找到宣泄口，使年轻消费者不断加深对品牌感性形象的认识，进而不自觉地产生移情。

江小白的广告策略非常的成功。①抓住品牌目标受众的心理，建立一个核心需求点。江小白的目标用户正值青春、细腻敏感，对生活有所思考，而江小白人生哲理式的语录文案，自然能够吸引到他们的注意。②不断刺激，加深目标消费者印象。江小白不断更新的表达瓶也好，针对热点事件所写的文案也好，都是为了在传播中形成一种反复刺激的效果，影响消费者的情绪，最终形成一种联结，等到下一次文案出现，不仅能回想起江小白，就连这种情绪都能瞬间回忆起来。③为品牌塑造形象。一个品牌，总有它的核心价值观、它的理念，而文案要做的，就是通过各种各样的方式表达这一切。“我是江小白，生活很简单”“愉悦至上”，我们从文案里能体会到这些，文案就是成功的。

江小白通过打造年轻、活力、新潮的人设，以内容营销为核心，在文案中着重突出酒文化中的“雅”，以及贴近生活的语句，打破与年轻人之间的次元壁。同时通过表情包、漫画强化 IP 形象，以及在潮流、音乐、嘻哈等领域不断地刷存在感，最终建立起一个完整立体的“江小白”IP 形象。

【品牌个性】青春，文艺，友谊，理想

3.4 挑战的激情

挑战的精神包括挑战传统和主流。一首《孤勇者》(词作者唐恬)火遍大街小巷，充满力量的歌词以“小人物”的呐喊打破对英雄的刻板印象，高昂的曲调歌颂着生活中的每位平凡英雄，为听众注入更多的勇气来面对生活的挑战。

……

他们说 要戒了你的狂

就像擦掉了污垢

他们说 要顺台阶而上

而代价是低头

那就让我 不可 乘风

你一样骄傲着 那种孤勇

谁说对弈平凡的不算英雄

爱你孤身走暗巷

爱你不跪的模样

爱你对峙过绝望

不肯哭一场

爱你破烂的衣裳

却敢堵命运的枪

爱你和我那么像

缺口都一样

去吗 配吗 这褴褛的披风

战吗 战啊 以最卑微的梦

致那黑夜中的呜咽与怒吼

谁说站在光里的才算英雄

案例：红牛，挑战不可能

红牛起源于泰国，其创始人许书标（1922—2012）出生于中国海南，两岁时随家人一同移居泰国。许书标从小随父亲忙碌，培养了他的生意头脑，他当时看到了药品保健行业的巨大前景，于是 1962 年创办了一家制药小作坊。经过多次实验，终于在 1978 年开发出全新产品——红牛，那时的红牛主打提神功效，主要受众是加夜班的工厂工人和卡车司机。

这款饮料最初的目标顾客是倒班工人和卡车司机等蓝领，帮助他们在通宵熬夜工作时保持清醒。为了体现饮料的特点，红牛的 Logo 用了两头正在争斗的公牛，而且不是一般的家牛，而是东南亚常见的、桀骜不驯的印度野牛。1981 年，具备提神、消劳作用的红牛饮料在泰国推出后大受欢迎。

此后，另一位创始人，奥地利人迪特里希・马特希茨（1944—2022）登场。马特希茨具有超强的经营头脑，毕业于维也纳大学经济与商业学系，在大学期间，他表现出超强的营销天赋。毕业之后他顺利入职 500 强企业联合利华，从事销售方面的工作。接着他又跳槽进入被宝洁收购的德国牙膏品牌 Blendax 公司，担任营销专员，经常到亚洲各国去推销牙膏。

机会总是留给有准备的人，1982 年马特希茨第一次到泰国曼谷出差，下飞机后感到非常疲惫，就在机场商店买了一罐售价仅 6 泰铢的功能饮料。他意外发现，这款饮料不仅口感不错，而且提神醒脑的功效很好，让自己长途跋涉的疲劳感一扫而光。

营销直觉告诉他，这款饮料前景极好。在与当地人交流后，他得知这款饮料是泰国天丝医药保健有限公司独家生产的一种内含水、糖浆、咖啡因、纤维醇和维生素 B 等成分的“滋补性饮料”，名叫“红牛”，是华裔泰国商人许书标为昂贵的咖啡豆所寻找的“廉价”替代品。

这让商业嗅觉极为灵敏的马特希茨发现了商机，有了将红牛功能饮料推向亚洲以外市场的想法。马特希茨马上采取行动，主动找到许书标，并对其提出了进行合作将饮料推向全球的计划。

两位商人一拍即合，于 1984 年各自出资 50 万美元成立了红牛股份有限公司（后简称奥地利红牛），总部就设于马特希茨的老家奥地利。双方分别持有公司 49% 的股份，剩下 2% 的股份由许书标的儿子许书恩拥有，经过共同讨论，决定由马特希茨进行实际运营。于是，由马特希茨主导 38 年的奥地利红牛帝国雏形就此形成。

1987 年，全新的功能饮料“Red Bull Energy Drink”开始在奥地利销售，随后逐渐推向欧洲其他国家。从小就有飞行梦想的马特希茨，将敢于冒险的精神和天马行空的气质赋予了红牛品牌，而今天人们看到的红牛广告和口号也皆是“红牛让你展翅高飞”。

与泰国本土的红牛饮料不同的是，奥地利红牛公司生产的是含碳酸的软性饮料，以强态能量饮品的形象出现，含有多种营养素及咖啡因，被用来当作提神甚至健身饮品来使用，这也为后续奥地利红牛进军体育市场埋下伏笔。

此外，奥地利红牛公司还重新定位，将这种饮料从廉价的咖啡豆替代品，打造成时尚高档的日常饮品。不过，由于早期的红牛饮料口感不好，又含有牛磺酸、咖啡因等不适宜人体频繁摄入的物质成分，再加上远高于可乐的单罐售价，因此很少有人问津。但是，马特希茨始终认为自己生产的红牛是一种功能性运动饮料，于是他大胆选用与“运动”相关的内容来宣传，并将目标客户群体锁定在年轻的顾客身上，以此进行长期的市场培育。

1987 年，奥地利健康部同意了销售红牛的申请，在仅有 1 个秘书、6 个销售员的情况下，红牛饮料开始在奥地利的零售店和酒吧推广。1992 年，奥地利红牛开始将市场扩展至国际，先后进入匈牙利和德国等。1997 年进入美国，而后于 2000 年进入中东地区。

现如今，红牛早已成为风靡世界的功能性能量饮料，在 172 个国家上市销售，全球消费总量超过 750 亿元，并且在世界多个国家拥有 1.3 万名员工。

赞助极限运动，鼓励挑战自我。毫无疑问，红牛是当今世界上经营和营销最成功的功能性运动饮料，几乎人们一提到红牛，就会自然而然地将它与竞技体育和极限运动联系在一起。

从1995年开始，奥地利红牛公司就为世界各类体育项目和极限运动提供赞助，以提高品牌的全球地位。此外，由于其一直以来致力于支持全球体育赛事与流行文化发展，时尚、潮流的形象也深受世界各地年轻人的喜爱。而红牛能拥抱体育发展至今，热爱体育的马特希茨是当之无愧的领路人。

接下来我们就简单盘点一下，1995年至今，马特希茨管理的奥地利红牛公司与竞技体育之间的不解之缘。

1995年，马特希茨让红牛与体育第一次形成关联，带有红牛Logo的赛车出现在F1赛场。其后更是大手笔收购多家赛车俱乐部，确立了在F1赛车行业的领先地位。

2005年起，奥地利红牛开始介入职业足球运作。公司收购了萨尔茨堡队，更名为萨尔茨堡红牛。在红牛集团的鼎力支持下，萨尔茨堡红牛队成为奥地利足坛当之无愧的王者之师，一共夺得了12次奥地利足球超级联赛的冠军，8次捧起奥地利冠军杯。此后又创建了纽约红牛和莱比锡RB队，在足球界又刮起一阵红牛旋风。

品牌随即又赞助了冰球和极限运动，比如极限跳伞、特技滑翔伞、自由飞跃、摩托车越野赛、滑板、跑酷等。赞助的赛事有：红牛竞技飞行世界巡回赛、红牛滑翔机障碍赛、红牛超音速跳伞赛、红牛翼装飞行穿越英吉利海峡、红牛天门山翼装飞行、红牛跑酷世界大赛等。

把极限运动玩出花，不是红牛的目的，宣传一种活力的年轻文化才是目的。可以说，极限运动就是根植于红牛集团血脉中的灵魂，也是红牛体育商业赞助板块最为重要的部分，以至于现在人们一提到翼装飞行、极限跳伞等项目，第一个联想到的就是红牛。

奥地利红牛公司每年会赞助数十个极限运动项目，比如攀登冰山、滑翔等。这一系列极限运动大赛，也使红牛Logo多次曝光在公众视野里，让更多人通过极限运动了解到红牛品牌。据了解，马特希茨在最初赞助极限运动时，就注重留下各种视频和图片，而后还专门成立“红牛媒体工作室”，积累海量素材，每年在网络上免费发布大约5000个视频和50000张图片，持续对品牌赛事进行曝光。

2012年10月，红牛干了一件惊天动地的大事。在奥地利红牛公司的支持下，有着“跳伞狂人”之称的奥地利极限运动家菲力克斯·鲍姆加特纳完成了从离地 3.9 万米的平流层一跃而下的超音速跳伞壮举，玩命的举动吸引了全世界超过 200 家电视媒体实时转播，而其太空服上的红牛标志更是被不计其数的观众所铭记。

图 3–7　红牛功能饮料的平面广告

前任可口可乐全球营销副总裁哈维尔·桑切斯·拉米拉斯曾直言：红牛已经建立起一个以自己和新品牌承诺为主体内容的极限运动专有网络。足以让人惊掉下巴的是，红牛为此支付的费用与传统广告赞助相比，简直是九牛一毛，但换来的收益却不可估量。

马特希茨在位期间，由公司收购、赞助的体育组织和体育赛事远远不止上述这些。根据公开信息统计，目前红牛旗下的运动组织在全球有 20 余个，涉及足球、冰球、赛车、极限运动、电竞等多个领域。而由红牛赞助的体育赛事共有 26 个，签约红牛的运动员有 9 名，由红牛组织的运动赛事有 33 个，另外还有 5 座体育场馆是由红牛出资兴建的。

我们可以清楚地看到，马特希茨钟爱体育，而他统领的红牛帝国也热衷于体育营销。不过，其思路和打法却与其他品牌不同。当所有公司都在为全球知名的体育赛事大 IP，如世界杯、欧洲杯、奥运会等争得头破血流之时，红牛却另辟蹊径选择了那些根本不入品牌公司“法眼”的小众极限运动，红牛也将精力“All In”（押注）在这些小项目上。

马特希茨接受采访时曾表示，红牛就是希望通过这些富于挑战、激情四射的体育项目，向大家传递积极向上、活力无限的正能量。

奥地利红牛看似不务正业地玩起了体育，却越来越有活力，营收和业绩节节攀升。截至 2021 年底，奥地利红牛在全球范围内共售出 98.04 亿罐饮料，相较销售成绩出色的 2020 年再度增长 24.3%。这一成绩也让公司实现了更多创纪录数字：2021 年，集团营业额由上年的 63.07 亿欧元增长（23.9%）至 78.16 亿欧元。红牛进入世界 500 强，两位创始人分别成为奥地利首富和泰国首富。

无论如何，奥地利红牛确实与人类自我挑战、不断超越的渴望相契合。正因如此，它才成功树立了品牌，俘获全球最有激情的运动人群一次次破层出圈，扩大影响力，始终保持年轻化。

马特希茨被誉为奥地利最成功且最富有的企业家，其生前坐拥 274 亿欧元资产，在《福布斯》全球富豪榜上排在第 51 位。在担任红牛公司 CEO 的 38 年间，他围绕能量饮料为红牛建立起一个成熟、完备、系统的全球帝国，并将资本伸向了体育领域，而红牛与体育的结合，也正是这家企业往后赖以生存的法宝之一。

【品牌个性】活力，能量，挑战，激情

案例：大众银行，追梦不论年龄

大众银行是 1990 年在我国台湾创立的一家金融机构，品牌旗下的业务包括银行、保险、证券等，品牌的目标顾客囊括了社会上的绝大部分群体。2007 年美国爆发次贷危机，拥有 158 年历史的雷曼兄弟倒闭，金融危机很快席卷全球，转变成全球经济危机。此时大家谈“金融”色变，对于金融机构有很强的质疑和仇恨情绪。台湾大众银行急需重获（振）人们的信任和信心，拯救自己摇摇欲坠的业务，这个任务最终交到台湾奥美手里。

鉴于公众对金融机构的质疑和反感，台湾奥美否决了围绕银行服务品质的传播要求，创意不应该只是传递商品信息，而应该思考如何用宏大的视角来表达世界观，能够让这个品牌与社会的每个人产生关联。

我们应该做真正有价值的事，将真实的平凡人的故事传递给社会，让人们看到生活中真正的英雄。为大众服务，让品牌回到根本的出发点。

广告一：母亲的勇气

2010 年 2 月 12 日是中国传统节日除夕，作为“不平凡的平凡大众”概念系列广告的第一部，《母亲的勇气》在我国台湾播出。文案如下：

一个老妇人
因为携带“违禁品”
在委内瑞拉机场被拘捕了
她是一个中国台湾人
没有人认识她
她告诉他
这是一包中药材
她是来这里炖鸡汤给女儿补身体的
她女儿刚生产完
她们有好几天没见了
蔡英美
63 岁
第一次出国
不会英文
没有人陪伴
一个人
飞行三天
三个国家
三万两千公里
她是怎么做到的
坚韧　勇敢　爱

广告一经播出，便迅速传遍全台湾，引起民众的强烈共鸣和感动，这个故事引发了大众对中华民族传统美德“勇毅力行、仁爱孝悌”的认同，给人们以“坚韧、勇敢、爱”的正面价值。这则广告当年被评为年度中国台湾最感人广告并在华人世界广泛流传。

广告二：梦骑士

广告是根据我国台湾五位老年人的真实骑行故事改编的：老者们平均年龄 81 岁，但就是这样一群满身病痛、已入垂暮之年的人，通过 6 个月的准备，完成了一次长达 13 天的环岛骑行。

广告叙事风格延续了大众银行一贯宣扬的人文主义基调，以纪实性的人物故事为叙事内核，通过以小见大的手法，用五位老年人的生活经历，比如老伴和好友的离世、身体病痛的折磨等，来映射老年人群体面临的生存困境和精神。他们一一克服困难，用无惧的心、热血行动完成了在旁人眼中“不可能的梦想”。借用一场轰轰烈烈的老年人追梦之旅来说明平凡人的不平凡之处，对理想和生命价值进行了深入讨论。

广告片的创意在于将品牌的形象与叙事主题和情节内容完美融合，在长达 3 分钟的广告中，没有一次提及推广品牌和产品的名字，而是巧妙将“大众”自然嵌入其描述的主题中，于无声处引发观者的情感共鸣。片子一开始就向观者提问“人，为什么活着”，引发观众对于生活和生命意义的思考。接着又通过“为了思念”“为了活下去”“为了活更长”“还是为了离开”的自问自答进一步引导观众去思考叙事主题。同时，广告中还加入了老者们年轻时的影像来做对比，将时间的流逝以具体的方式呈现出来，使人深刻认知到老者们也曾经年轻过，我们每个人都会经历他们所经历过的一切，让广告的叙事内容更加深入人心。最后的广告语“不平凡的平凡大众”，即是指不平凡的老者，也是指大众银行，让品牌守护梦想的理念得到有效的曝光。文案如下：

人为什么活着？

为了思念？为了活下去？为了活更长？
还是为了离开？
“去骑摩托车吧！”
5个台湾（老）人平均年龄81岁
1个重听，1个得了癌症，3个有心脏病
每个都有退化性关节炎
6个月的准备，环岛13天
1139公里
从北到南，从黑夜到白天
只为了一个简单的理由！
人，为什么要活着？
梦
不平凡的平凡大众

同样选择了春节节点，在2011年除夕，《梦骑士》播放当夜即超过100万人次的转播量，并冲出台湾岛，传递到世界各个角落。中央电视台《看见》将其拍成纪录片“不老骑士”，《华尔街日报》用一整版进行了专题报道，真正意义上让大众银行声名远播。

对于品牌方来说，在制作广告时，需要将品牌形象与广告内容高度匹配起来，并力争在品牌和消费者之间建立起隐形的情感纽带，进而对品牌产品进行了有力的推广和宣传，提升了社会各界对于品牌的好感度。

广告三：马校长的合唱团

文案如下：

马大山校长先生，
他不会乐器，
不懂乐理，

但是他有一个合唱团。

十五年来，

他坚持每天放学后教孩子们唱歌，

他像父亲一样，

用歌声教他们长大。

他对孩子们说：你能唱出那么美的声音，就表示上帝对你与众不同，你也要爱自己的与众不同。

那个大日子（合唱比赛日），孩子们吓坏了。

校长告诉他们：闭上眼睛，张开嘴巴，只管唱出山上的你自己。

《马校长的合唱团》是来自我国台湾南投信义乡东圃园小的真实故事。这位深受爱戴的马校长，不懂乐器，不懂乐理，15 年来，坚持教孩子们唱歌，用歌声教他们长大。此片由台湾原住民歌手张惠妹配音旁白，融入自然和生活的音效，娓娓道来。从画面中可以体会到原住民孩子流露出的自卑、胆怯与无助，但合唱的歌手就是守护他们的力量之声，让他们感受生命的美好和力量。

广告四：生命树

文案如下：

树会说话

你听见了吗

陈塬

67 岁

他卖掉辛苦一辈子的公司

把得到的钱全部买树

他不断种树

买森林

每天看树、说话

"你疯了吗？你疯了吗！！！"
树会说话
他给我生命
给我水
给我空气
树救了我
他只请求一件事
还给他们生存权
树会说话
你听见了吗？

同样来自我国台湾的真实故事，但《生命树》的主题意义明显更为宏大，在探讨人与自然之间的关系。

"不平凡的平凡大众"系列广告一举将台湾大众银行从一家名不见经传的银行，塑造成为家喻户晓的金融机构。当时，台湾很多民众宁可舍近求远也选择大众银行，大众银行的业务在经济不景气的市场大环境中暴增，并引发了特有的现象——"大众银行广告效应"，即广告能够引发受众强烈反馈和共鸣的一种现象。

【品牌个性】真情，梦想，非凡，勇气

3.5 悲悯的大爱

唐代诗人陈子昂《登幽州台歌》：

前不见古人，
后不见来者。
念天地之悠悠，
独怆然而涕下！

案例：宜家，造福人类不停步

1943 年宜家家居（IKEA）在瑞典创立，到 1976 年公司已初具规模，创始人英格瓦·坎普拉德写下了《一个家具商的信仰》，其中的很多句子成为这家企业的信条，比如："我们决定永远与多数人站在一起"，"在所有国家和社会中，东西方一样，大量的资源不均衡地满足着少数人的需求，而 IKEA 的目标是改变这种状况"，"我们无力改变全球每个人的工资待遇，但我们仍然坚持为公平和民主做些什么。我们的产品系统和价格政策就是这些理想的基石。"在宣言里，不断重复着宜家的品牌定位即为大众设计。从消费者的视角观察，多年来宜家一直在努力贯彻这一品牌理念，即"为大众服务"的产品开发和体验设计。其旗下囊括座椅 / 沙发系列、办公用品、卧室系列、厨房系列、照明系列、纺织品、炊具系列、房屋储藏系列、儿童产品系列等约 10000 种产品。

截至 2017 年 8 月，宜家在全球经营着 356 家店面。其产品定位是大众家居产品，借助创新和具有特色的设计，结合宜家自身的产品材料和文化风格，在不断降低成本的同时，生产出更加美观耐用的产品，为大众提供种类繁多、美观实用、买得起的家居用品，创造美好生活。

图 3–8　宜家品牌的平面广告

宜家一直以营造温馨的“家”和为消费者创造生活便利为主旨，品牌宣传的策略，即从吸引消费者的注意力，到促使消费者留下深刻记忆，再到让消费者产生完美的“家”的无限想象，一步步牵引着消费者“走进”宜家，了解宜家，最后爱上宜家。

在保证高质量高水准的同时，宜家一直在努力压低成本降低售价，由此采取了以下措施：

第一，平板式包装。在宜家，几乎所有的产品都采取平板式包装，顾客在卖场挑选好了产品后记下货号，自行到仓库提取并自己运输，到家再进行组装。这就为顾客节省了提货、运输和组装的费用，从而使消费者能享受到更低的价格，宜家也保持了低价优势。

第二，独特的北欧风格。从设计风格来看，宜家的设计具有典型的北欧风格。宜家空间主要有北欧传统、北欧现代、流行传统、流行现代四种风格，多数消费者对这些风格不会有精准的区分，而是笼统地归之于北欧风，但“宜家风格”的认知则在潜移默化间形成。宜家通过标识、色彩和北欧风情形成品牌独特的“宜家风格”，在众多类似折叠家具品牌中获得了高辨识度和认可度。宜家的产品也因此极受年轻消费者的喜爱。

第三，产品 DIY（自己动手制作，Do it Yourself）组装。宜家提倡消费者自己组装家居产品、自己搭配家具，这是区别于其他家具用品的一大特色，给国人带来无限的新鲜感以及很强的体验感。特别对于现在的年轻人来说，他们有个性、有创意、有想法，很多东西都希望能表达自己，包括家具。宜家 DIY 产品组装正是让一些喜爱新鲜的人们尝试通过这种自己动手的方式去表达自己。

第四，情景购物——宜家样板间设计。宜家不仅仅陈列商品，而且把商品放在具体的房间和场景中，从色彩缤纷的客厅，到各具风格的卧室、简洁大方的厨房，宜家让顾客直观地感受到这些东西在家中是怎么用的，包括与家电结合起来是什么样子的。

第五，轻松愉悦的购物氛围与体验消费。宜家拒绝做一家毫无美感的家具“仓库”，一直以来都倡导娱乐购物，营造轻松自在的购物氛围，并引以为傲。在世界任何一个宜家分店，都会看见熙熙攘攘的顾客在咖啡区的桦木桌椅间穿梭。宜家鼓励顾客在卖场“拉开抽屉，打开柜门，在地毯上走走”，或者试一试床和沙发的品质如何。鼓励顾客去体验，极大提升了宜家卖场的舒适度。蜿蜒的过道，造型奇异的家具，触感舒适的床上用品，还有耳边袅袅的音乐……在这里购物完全就是一种享受。

宜家广告一：Mon fils

法国宜家 2016 年推出了一支名为 *Mon fils* 的广告短片，时长仅 1 分钟，讲述了一对母子为添置新家具而在宜家购物的故事。短片开始，一对母子走进宜家，男孩穿着黑绿格子衬衫和牛仔裤，一头蓬松的金棕色头发，个子比较矮小，看样子只有十一二岁；妈妈穿米白色西装搭配牛仔裤，两人边走边看，在卖场里寻找合适的家具产品。

当两人走到厨房分区时，男孩径直奔向一个厨房操作台：“我喜欢这个。”不像其他小孩子那样只被外观吸引，他俯下身来仔细抚摸操作台，看看光泽对不对、摸摸手感好不好，回过头来征求妈妈的意见：“我喜欢它的材质，您觉得呢？”妈妈笑着回答：“我也喜欢。”接下来，男孩来到板材区，眉头微蹙，一时间想不出来该选哪一个，而妈妈只是站在他身后等待。继续往前走，来到其他分区，男孩打开柜子认真考虑它的用途，拉开卷尺测量了架子的高度……整个采购过程男孩都是挑选和做决定的那个，哪种款式、材质、尺寸、价格的家具最适合，妈妈完全交由小男孩来决定，让人觉得有些不可思议。

全部家具选定后，母子二人来到服务台，男孩很自然地坐下登记信息，报上自己的名字，并老练地与女服务员互动：“你呢？你叫什么名字呀？”“我叫玛丽……怎么了？”“这个名字真美。”

到了仓库，男孩也主动搬运、推车，尽管车上堆放的货物跟男孩一样高，他照样从容不迫，妈妈也继续微笑注视着这一切。到了收银台，妈妈正准备从钱包里拿钱，男孩轻轻制止了她：“妈妈，我来吧。”然后老练地刷卡，最后的搬货上车也是男孩一人独自完成。

而接下来的事情更加不合常理：男孩竟然直接上了驾驶座，准备启动车辆。妈妈竟然并未阻止，只是微笑注视。突然，男孩的声音变成了一个年轻男子的声音："怎么了？"画面一转，男孩成了一个颇具青春活力的年轻人，但还是那件黑绿格子衬衫，还是蓬松的金棕色头发。年轻男子继续说："妈妈，我只是搬到附近而已。"妈妈依然微笑着回答："我知道……"

看到这里，观众才恍然大悟，原来之前的镜头都是母亲的视角，带着些回忆带着些宠爱。此时，广告的主题应时而出——"要是有些东西永远不变该多好，宜家的价格整年都不会改变"。

视角比较独特，以母亲的视角讲述了母亲陪儿子来买家具的故事，虽然起初让人感到有些困惑与好奇，但谜底揭开之时会恍然大悟，出人意料但又在情理之中。此外，广告的寓意很好，正如孩子无论多大，在父母眼里始终都是小孩，而宜家的价格同样始终如一，一直那么经济实惠，符合消费者的心理预期。

宜家的这则广告，妈妈内心希望孩子永远长不大，天真烂漫陪着自己。但事实上，孩子会长大，成年后会离家。但在宜家没有这种遗憾，宜家的价格可以永远"长不大"，表达宜家所在的"家"永远浪漫温馨。

宜家广告二：为爱留出空间

广告开始，一家人在收拾房屋准备搬家，女孩因为玩偶太多，没办法全部带走。不能被带走的那些玩偶们伤心流泪，女孩也含泪抱着它们不愿放手。画面一转，女孩妈妈也舍不得丢下她心爱的包包，双方也在洒泪惜别。突然，妈妈看到了宜家《家居指南》上的"好好收纳，就不必说再见"，神情为之一变。接着宜家的收纳盒、床柜、衣橱纷纷登场，整整齐齐地收纳了女孩和妈妈的心爱之物。两人露出幸福的笑容，因为宜家收纳"为爱留出空间"。

广告情感剖析。毛绒玩具和包包分别是小女孩和妈妈无法割舍的心头爱，广告巧用夸张和拟人手法，让玩偶和包包们"活"起来，小女孩和毛绒熊抱头痛哭，玩偶们被打包前含泪向女孩挥手告别，妈妈和包包说再见时也泪如雨下，将单方面的不舍变成彼此的生死离别，让情感更具张力。影片不仅把人对心爱之物的感情体现得淋漓尽致，也为玩具和包包赋予了情感，在离别时它们也伤心难过，加深了情感传递，因此体现宜家收纳是主人与心爱之物间不可或缺的桥梁，为彼此的爱提供空间。

在做决策时，女性消费者除看重价格外，对产品的设计感、收纳性和风格化具有更明确细致的要求。在“她时代”，以前的粗放式营销已经不能满足市场需要，必须更深入地细分市场，针对不同的目标消费者，提供更加个性化、人性化的商品和服务。

【品牌个性】友善，温馨，简洁，品质

案例：阿尔山，小设计大爱心

阿尔山蒙古语之意为“圣水”，大兴安岭深处的纯净零污染水源圣地，水温常年 2 摄氏度，被誉为活性矿泉水。富含锂、锶、锌、硒、钒和高含量偏硅酸等有益矿物质和微量元素，水质呈天然弱碱性。阿尔山矿泉水所属的阿尔山市辖区内分布有 4 个矿泉群，其中以五里泉和白狼泉最为有名。蓝海公司就以这两座优质天然矿泉水为基地，以严格的硬件设施标准保证整条生产线实现了全自动化、全封闭化、超洁净化生产。比如，在杀菌过程中采用无污染三溴氧杀菌，确保出水符合中国国家矿泉水 GB–8537 行业标准。依靠这些自然条件和先进技术，阿尔山矿泉水的品牌主打自然、时尚、健康、养生，在高端市场上占据一席之地。

阿尔山矿泉水为了节约用水、保护我们的蓝色星球，隆重推出了环保手写瓶，在群体环境中标记区别每个人正在饮用的水瓶，以避免混淆浪费。这个看起来非常小的设计，却包含了该品牌珍惜资源、保护环境的大情怀。

世界淡水资源极其宝贵，而人们在日常饮用时存在大量的浪费。中国是世界上人口最多的国家，人均水资源又是全球最匮乏的地区之一。如果全世界的人均水拥有量是 1 瓶的话，那么每个中国人只拥有 1/4 瓶，但就是这 1/4，也经常会被人们丢弃。如何有效降低这种不必要的浪费？

为此，阿尔山矿泉水特别邀请杰尔创意团队提出了解决方案——一种附带可刮涂层的环保手写瓶，即在原有瓶贴的基础上，增加刮刮卡的特殊油墨涂层，消费者只要动动手指，即可在瓶身上留下自己的专属标志，每个人都有一支独特的记号笔，那就是我们的手指，用手指即可写出自己的独特记号，如名字、符号或是可爱的图画，以此与他人的矿泉水区别，让人们在众多水瓶中，轻松地找到自己的那一瓶。

广告针对团体活动者以及多人活动的公共场所饮用水的需求者。一个小小的改变，动动手指就可以快速找到自己的那瓶水，避免了不必要的浪费。手写瓶的可识别设计，得到了消费者的广泛认同，“留下记号，珍惜每一滴水”的理念，更得到社会媒体的广泛关注与讨论。

引入环保理念，引发共情，激发人们购买潜力。好的广告要有完整的故事情节，能够引出问题以及解决问题，而且需要解决的问题最好能够在目标群体中引发共情。能够激发消费者的保护欲或者自豪感的产品，就具备了成为热门爆款的潜质。

【品牌个性】环保，友善，创意，创新

第 4 章　如何传情

古人对月球没有多少认识，但对月亮却有非常多的想象以及情感寄托，李白的“静夜思”大家都耳熟能详，苏东坡的“水调歌头·明月几时有”更是咏月名篇。将品牌与某种情感、梦想、状态关联、锁定，运用幽默、催泪、起伏翻转等手法调动观者情绪，由此传递品牌信息，可能会收到事半功倍的奇效。

4.1　特立独行剑走偏锋

平常我们与人交往时会发现，与众不同的人往往会给人留下深刻印象，这种与众不同可以是长相，但更多的是个性。而品牌个性的本质就是品牌人格化，假如这个品牌是一个人，它应该是什么样的人？他或她是魅力四射，还是平庸乏味？是人人爱戴，还是个个厌烦？一个理想的优秀品牌的特点不言自明，最好长相和个性都能引人入胜。除了血缘关系的因素之外，你热爱任何人或任何事物的理由，都可以用来热爱一个品牌。

挖掘顾客“买点”，占领第一，胜过更好。注重研究品牌与顾客精神层面的沟通，为顾客带来心理体验和情感满足。这种精神沟通以实体商品为基点，又脱离于商品实体之外，为顾客创造附加的心理价值。营销就是恋爱，爱自己的顾客，优化公司流程为顾客省钱省时间，善于倾听、发现和理解顾客愿意为之付费的待解决问题。而不是内部无休止开会，猜测顾客的需求。

案例：网易严选，不必看的广告

网易 1997 年创办于广州，是中国领先的互联网技术公司，在开发互联网应用、服务及其他技术方面始终处于领先地位。网易严选是网易旗下高品质生活类自营电商品牌，于 2016 年 4 月正式上线，也是国内首家 ODM（原始设计制造商，Original Design Manufacturer），通过 ODM 模式与大牌制造商直连，剔除品牌溢价和中间环节，为国人甄选高品质、高性价比的优质商品。团队贯彻“严选好物，用心生活”的品牌理念，严格把控从原料、生产、质检、销售到售后等各个环节，与一线大牌制造商合作，从挖掘消费需求出发，按需订制，全程参与把控工艺生产环节，为消费者提供好价格、好商品和好服务的优质体验。

严选产品覆盖居家生活、服饰鞋包、美食酒水、个护清洁、母婴亲子、运动户外、数码家电、严选全球八大品类。所有商品必须通过全球 TOP 质检机构，如 ITS、SGS 等机构认证，才可上架出售。网易严选以“让美好生活触手可及”为初心，立志成为中国新中产喜欢的品牌，其特点如下：①一线品牌制造商直供，严选的工厂都为国际知名品牌做过代工，它们的生产、技术和管理达到了世界一流水平；②去掉高昂品牌溢价，挤掉广告公关成本，摒弃传统销售模式，使得价格回归理性，让消费者享受到物超所值的品质生活；③保证产品质量；④为用户打造极致购物体验，让用户能够放心购物；⑤依托于网易的大流量平台和海量的用户，可以节省很多运营成本。

2020 年初新冠疫情突然暴发，大家都尽量减少出门，线下广告受到巨大冲击，很多被迫进行调整、延期乃至取消。但网易严选化危为机，用大胆的创意顺利出圈，从线下火到了线上，让平面广告重新受到瞩目。

网易严选广告一：还是别看这个广告了

2020 年 2 月，某处的网易严选户外广告“还是别看这个广告了”刷屏。广告文案如下：“还是别看这个广告了，这原本是我们 2.23—2.29 的促销广告，现在临时换掉了。虽然一切正走向正轨，但也建议您少在公共场合聚集，别在广告前停留太久。在家用心生活，等春来。”

广告只有大大的文字，没有大牌明星的代言，也没有任何值得注意的图片，一组平面文字怎样吸引消费者呢？事实上，网易严选巧妙利用了人们的逆反心理，将原来的促销广告换成了公共场所的温馨提醒，此番操作获得舆论的广泛关注，该广告从线下火到线上，引发了网友的讨论。而在疫情尚未结束之际，借力大家对于疫情的关注度，将促销广告做成公益广告，那句“在家用心生活，等春来”的问候让许多人内心感动，赢得了许多网民的关注和赞誉。

而这支反向广告，虽然重点是提示疫情防护，但还是提到了“网易严选”“2.23—2.29”和“促销”等关键词，让受众了解到网易严选正在促销。一波原本预计可能反响平平的户外广告投放，经过网易严选“公益化”的包装，不仅吸引了更多消费者关注，也展现了品牌的社会责任感和温情，可谓神来之笔。回顾网易严选此次的“逆袭操作”可知，当广告无法正面有效传递信息，迂回一下、另辟蹊径或许可以得到更好的效果。

2020 年 9 月，网易严选在首次“全球宝藏节”中继续以反套路的广告形式吸引公众眼球，在西藏当雄县，打出标语“我们不需要广告，这片湖泊就是最好的广告”“我们不需要广告，这座牧场就是最好的广告”，等等，引起广泛关注。

网易严选广告二：退出“双十一”

2020 年“双十一”，当天猫和京东激战正酣时，网易严选高调宣布退出促销，打出“要消费，不要消费主义”的旗号，并搭配推出了一份《生活哲学手册》，传递出一种理性消费的生活哲学，再次成为媒体和舆论的焦点，赢得了网友好评，被专家称为是一场“变相营销”，用少量预算获得了巨大的曝光量。

网易严选宣布“双十一”期间，不做复杂优惠玩法，但会有全年最大力度补贴。没有养猫盖楼、组队 PK、手势地图，但“双十一”当天准备的商品是全年抄底价，一些商品还能“价保 1 整年”，并希望消费者可以走好自己的路，不要被复杂玩法套路。类似广告凸显了严选品牌的与众不同，也传递出网易严选的品牌主张：一定为消费者严格地挑选好货，专注做事而非虚头巴脑地玩花样。

图 4-1　网易严选路牌广告实拍

网易严选广告三：我们不用流量明星拍广告

2021 年 8 月，网易严选打出“我们不用流量明星拍广告，用户就是我们的活广告”。当时几乎所有品牌都重金邀请明星代言，但在个别明星逃税、出轨等负面新闻接连曝光之后，网易严选率先发声，亮明态度和立场：不用流量明星代言。这种反“常规”的营销方式，获得很多网友点赞，又是一次创意广告的成功实践。

网易严选广告巧用逆反心理，赋予品牌一种特立独行的勇敢气质。投放广告的目的是希望得到关注，希望看到广告受众越来越多，观看频次越多越好。但如今，消费者普遍抵触广告，无论是互联网广告还是平面广告，大家已经对这些广告越来越麻木。有鉴于此，广告商若没有一些奇思妙想，或者让人眼前一亮的创意，消费者就会自动过滤掉该广告。而网易严选的广告反其道而行之，直接告诉消费者——“我们的广告不想给你们看到”，激发了消费者的逆反心理，诱导消费者继续观看，字体越大，观众的逆反心理就越强，传播效果反而会更好。

【品牌个性】叛逆，创意，独特，价值

案例：珀莱雅，挑战“性别偏见”

珀莱雅化妆品公司 2003 年创办于杭州，是始于中国、放眼世界的国际化“美妆”品牌，多年来潜心探索肌肤新生科技，严格甄选优质原料，不断创新发现科技护肤技术，为广大消费者提供更科学、更安全、见效快的前沿科学肌肤解决方案。

珀莱雅的顾客群体主要为女性。珀莱雅自创立以来一直在追求女性平等发展，2013 年成为联合国妇女署中国首家企业合作伙伴，陆续投入千万资金用于中国女性公益项目，并在全国范围开展了珀莱雅“海阔天空 · 女性就业平等计划”，时刻关注女性发展的方方面面，是推进中国女性赋权、帮助中国女性追逐人生梦想的表率企业。

近年关于“性别”的议题，讨论热度居高不下。在日常生活和学习工作中，也会有很多人分性别来评价事物，并随之形成一整套性别偏见，这种现象不仅束缚女性，同样也束缚男性。2021 年妇女节，珀莱雅跳出“赞美女性”视角，从独特的角度立意——联合《中国妇女报》发起“性别不是边界线，偏见才是”的主题活动，邀请说唱歌手于贞出演主题片，并联合 10 位意见领袖声讨“性别偏见”，为性别平等发声。

短片《性别不是边界线，偏见才是》一经发布，在微信朋友圈等多平台迅速引起广大用户共鸣，用户自发参与点赞、讨论及转发，形成刷屏之势。发布后 24 小时内，短片在朋友圈的转发量和点赞量分别达到 17.1 万次和 21.6 万次，当天微博上“性别不是边界线，偏见才是”的话题页阅读量破 1.1 亿人次，讨论量 9.1 万条；李银河、奇葩说辩手席瑞、萝贝贝等意见领袖也都参与了话题讨论；众多广告营销专业公众号自发报道案例，包括 Social Beta、数英网、梅花网等。一周内，此视频总播放量超 2500

万次，B 站播放量也破百万人次，全站排行榜最高第 27 名；微博话题页阅读 1.5 亿人次，讨论超 10.3 万条，传播长尾影响显著。当年 7 月，此营销案例被 Social Beta 评为“2021 上半年女性营销十大案例”之一，进一步提高了珀莱雅的品牌影响力。

图 4-2　珀莱雅平面广告

在广告文案中，借生活中的“老生常谈”表现社会对于性别存在的刻板印象，例如：人们常会谈道“女司机开车技术差”“女生学不好理科”“练拳击的女生嫁不出去”，谈道“男生性格文静不像爷们儿”“男性不该学护理学”“跳芭蕾舞的男生娘娘腔”。人们常问女人“如何平衡家庭与事业”，同样的问题却从不问男人；人们常会讨论“什么是独立女性”，却从未有人讨论什么是独立男性；人们常祝“女孩越来越美”“男孩事业有成”，说“做个好女人，不必读那么多书，不必打拼事业，干得好不如嫁得好”……为什么一定要分性别来评价？为什么像个女孩一样，不是赞美，而是贬低……

文案针对以上的种种社会偏见发问，倡导社会打破性别偏见，将观点的落脚点从性别差异转到人本身。诸如“温柔、善解人意、顾家、整洁”等美好品质不应该是女性专属，而“独立、勇敢、坚强、打拼事业”也不是只有男性才能做到。并不是“女人要温柔”，而是“人要温柔”；并不是“男人要坚强”，而是“人要坚强”；并不是“女人如何平衡家庭与事业”，而是“人如何平衡家庭与事业”……人既可以温柔，也可以勇敢；既可以浪漫，也可以沉稳；既可以坚强，也可以哭泣……性别不应该是边界线，偏见才是。

珀莱雅宣传片结合了对当代社会性别现状的洞察，不局限于“女性偏见”，也将社会对男性的偏见纳入讨论范围。在成为一个“女人”或者“男人”之前，我们首先是一个人。“女性化”“娘”不应该是一个贬义词，每个人都独一无二，存在外貌、性格、爱好、特长、理想、家庭等或大或小的差异，这些差异让每个人都拥有不同的存在价值和追求，让每个人都拥有自己人生的意义，也拥有被他人需要的意义。我们不应该因为某个性别中的大部分人或者“你以为的大部分”都具备某些相同的特征而产生刻板印象，也不该歧视那些性别群体中看起来“格格不入”的少数人，更不该要求相同性别的人之间必须消除差异，成为一个模子刻出来的“男性”或“女性”。美好的品质不分性别，美好的人生也不分性别。

总而言之，一个成功的广告活动需要研究目标顾客群体的用户画像和特点，结合社会背景，时刻关注社会问题和痛点，并紧扣当下热点，真正站在消费者的角度思考，勇敢承担起社会责任，借助广告为目标顾客呐喊发声，实现与目标顾客“共情”。

【品牌个性】独立，勇敢，叛逆，真情

4.2　锁定某种美好事物

爱美之心人皆有之，美好的事物常常能够唤起人们的注意力和情感。如果品牌可以与美好事物联系起来，爱屋及乌，人们就会自然对品牌产生好感。美好的表现形式多种多样，不同的人可能有不同的爱好，同一个人在不同时段、不同环境也可能有不同的选择。比如服装品牌之中，优衣库总是表现出城市上班族的干练与务实，无印良品总在表达回归自然、素净环保的理念，而探路者户外运动服的广告则呈现人们热爱探索、狂野进取的一面。而将少女的面容和娇艳的桃花比拟对照，也许就是崔护诗篇能够流芳百世的缘由。

唐代诗人崔护《题都城南庄》：

去年今日此门中，
人面桃花相映红。
人面不知何处去，
桃花依旧笑春风。

案例：依云，婴儿样的活力

达能集团创建于1966年，总部设立于法国巴黎，全球拥有超过10万名员工，位列世界500强，也是全球最成功的健康食品公司之一。其业务遍及世界120多个国家和地区，旗下产品涉及鲜乳制品、婴儿营养品、饮用水和饮料、临床营养品等，在全球销量均名列前茅。“依云”（EVIAN）矿泉水即达能集团下属品牌之一，是全球知名的高端饮用水品牌。

依云矿泉水源自法国的埃维昂莱班，完全是由大自然经15年之久的天然过滤从容完成，与现代化大规模快速生产的大量饮料不同，绝对的天然，成为依云水高端定位的最好脚注。更重要的是，由于过滤依云水的岩石带给依云丰富而平衡的矿物质成分，让依云能够很好地满足人体的生理需要，甚至具有一定的医疗效果。因此依云成为“身份消费”的代表品牌，与此对应的就是高价位。

依云作为欧洲矿泉水的领导品牌，采用来自阿尔卑斯山的雪水，纯净天然。依云水定位于高端市场，受众为那些追求高品质生活、充满生活热情、向往并且乐于享受生活的人群，所以说依云卖的是天然纯净，赢的是高端市场。

依云的广告语是Live Young——活力生活，核心理念是“健康”和“天然”，以健康为核心目标，努力塑造“天然和纯净”的形象，为潜在顾客创造“健康活力”的生活服务。

依云非常注重历史感，长久以来都是以一种高姿态的贵族血统现身于高端场合。对很多钟爱依云品牌的人而言，依云不仅是普通的水，也是一种概念、一种生活方式，更是一种精神和品牌信仰。

依云在最初是给刚出生的婴儿喝的，采用婴儿形象其实是依云对于消费者的承诺。依云传承其“Live Young”的理念，利用 CGI 技术，打造了一支活力十足的创意广告：一个人走在大街上，忽然发现镜像中的自己变成了婴儿，于是一场卖萌的街头舞会就此开启。广告运用了夸张和奇特的视觉体验——几个成年人对着玻璃、幕镜，照出来的却是婴儿的样子，夸张表现依云水保持活力、保持青春的效果，有效调动了消费者的购买欲望。

图 4-3　依云瓶装水平面广告

广告将不同性别、肤色、年龄的成年人内心中可爱的孩子形象表现给观众看，而宝宝们充满活力的样子，点出了“活出年轻”的主题。伴随着一首欢快而富有节奏感的音乐，营造了一种活泼动感的气氛，让人情不自禁地随着节拍摇摆，精准传达出品牌的理念——活出年轻、永葆童真。公司在线下同时推出“Baby and me”App 让参与者通过人脸识别“婴儿化”的自己，邀请消费者参与，进一步推广品牌理念。视频将宝宝和成年人进行完美的结合，在镜像中可以看到运动、舞蹈等多种元素，提醒我们每个人都可以像宝宝那样年轻而有活力。

依云制作了大量广告，无论叙事情节怎样改变，核心元素万变不离其宗，都是 Baby、活力、水。依云的品牌理念是“Live Young”（活出年轻），这一理念最合适的表现载体便是“Baby”。同时，用“Baby”也是对依云精良品质的又一宣传，“在法国，依云是可以给婴儿饮用的水，由于其特有的矿物质而准许在产妇病房中提供。这就是依云水的魔力，同时从科学上讲，它被鉴定为最好的婴儿饮用水。”因此，将“Baby”作为广告中稳定的表现元素，不仅完美诠释了品牌理念，而且强化对产品品质的宣传。

【品牌个性】活力，纯真，健康，品质

案例：花西子，东方彩妆

花西子诞生于2017年，名字源于伟大诗人苏轼的诗句“欲把西湖比西子，淡妆浓抹总相宜”。品牌探索中国千年古方养颜智慧，针对东方女性的肤质特点与妆容需求，以花卉精华与中草药提取物为核心成分，运用现代彩妆研发制造工艺，打造健康、养肤、适合东方女性使用的彩妆产品。从成立至今短短6年时间，花西子销售额一路飙升，在天猫平台彩妆品类成交额排名第一。

花西子抓住国潮兴起的风口，精确瞄准了Z世代消费者的兴趣点，在国风基础之上，原创了属于自己的花西子风，将很多中国元素首创性地应用到品牌和产品上。比如以中国传统色黛色作为品牌色，设定自己的品牌之花为并蒂莲。此外，在产品工艺上，也对中国文化特色予以大力传承与创新。拿旗下的明星产品浮雕眼影盘来说，其工艺源于商周时期的浮雕，成分则采用了记载于本草纲目中的古珍珠养颜方。又如花西子推出的另一款雕花口红将中国古老的雕琢技术用于方寸之间，开了国内雕花口红的先河，受到Z世代消费者的热烈追捧。作为新崛起的消费群体，Z世代逐渐转变了对国际大牌的盲目追求，他们比前几代人更具文化自信，对东方传统文化元素有更高的认同感，也更容易认可和接受花西子等新锐国货。

在行业日趋内卷的情况下，花西子有效构建了品牌护城河，提高了自身产品辨识度。当然，一个差异化的品牌标志，足可以让花西子区别于其他美妆品牌，在消费者心中形成独特认知。加上过硬的产品力，又从用户中汲取养料，注重用户体验。花西子的用户有一个特别的名称——花瓣，意思是与花西子相伴，品牌是由经营者和用户共创完成的。在品牌创建初期就吸引用户参与产品研发，由此形成彩妆行业的用户共创产品开发模式，每一个产品上市前都要经过数百上千产品体验官的反复体验、盲测，再进行反复的调试升级，这也逐步形成了花西子独特的互联网匠人思维。截至目前，花西子已经拥有了 20 多万名产品体验官，为品牌带来了深厚的私域流量积累。也正是有了用户共创机制，用户的真实需求才能够得到及时反馈，花西子才能够保证产品质量，让产品研发兼顾慢工雕琢与快速迭代。

花西子的慢体现在研发周期长。其产品研发周期平均为一年零九个月，相比其他彩妆品牌而言要长得多。花西子每个新品的推出都需要经历纷繁复杂的步骤，陶瓷口红更是将此发挥到极致，先后尝试了 30 多种陶瓷类型，方案历经了几百次的烧窑实验，进行了数百次的跌落实验，足足用了两年时间才大功告成。花西子的快则在于在用户共创的基础上对产品进行快速升级、迭代优化，为此还专门打造了 VOC 顾客支撑体系，收集用户反馈的大数据，帮助完善产品与服务。比如花西子的一款眉笔在四年时间里升级到了第八代，花西子蜜粉上市三年里配方就升级了 40 多次，其中绝大部分被雪藏，真正推向市场时已升级了三代。此外，花西子对每一款产品都建立了严格的质量检测体系，成立了专业的质量管理团队，实行一票否决制，只要是该团队觉得产品有任何风险或者不合格的地方，都可以禁止该产品上线。

图 4–4　花西子平面广告集合

从销售渠道上来看，目前花西子还是以天猫旗舰店为主，缺少线下体验店。对于美妆产品来说，每个用户的肤质都不尽相同，开展线下实体店，让消费者现场测试，会有举重若轻的效果，并且线下门店还可以让消费者亲自体验，给他们一些品牌的直观感受。如今人们越来越重视体验消费，花西子的线下渠道应该指日可待。

随着消费升级，国潮及国货崛起，传统文化和审美强劲复苏。借着这股东风，中国彩妆、中国妆容、中国古方，越来越成为一种流行，并且登上国际舞台，输出具有中国特色的艺术审美与文化价值。营销是为了造势，而产品力才是根基。用精益求精的产品，加上高雅的审美以及精准的营销，相信花西子这样的中国品牌会越来越好。

【品牌个性】美丽，婉约，天然，品位

4.3 讲好故事

故事：庐山恋，不是广告胜似广告

1980 年版的《庐山恋》是我国电影史上一部经典影片，它刻画的浪漫爱情以及呈现的秀美风景，极大地冲击了当时人们的思想及审美观念，不但引领一时风潮，开启了人们对美好生活的无限向往和追求，而且让庐山风景区“一朝闻名天下知”，成为最具魅力的风景名胜之一。为什么一部情节并不突出的电影能够如此轰动，成为传奇，这究竟是如何做到的呢？

《庐山恋》原本准备拍摄成一部旅游风光片，被上海电影制片厂加入了故事情节和爱情佐料之后却风靡一时，在中国电影史上书写了浓墨重彩的一笔，成为 20 世纪 80 年代一段不可磨灭的文化记忆。

在庐山秀美风光的烘托下，一对来自“敌对家庭”的青年男女的纯真爱情，经历若干坎坷和曲折，终于感动了双方家长，冰释前嫌，赢来了“有情人终成眷属”的大团圆结局。如果从今天回头去看，1980 年版的《庐山恋》难称佳作，情节有些老套，表演稍许夸张，剪辑感觉生硬。但这样一部电影为什么能够引领一时风潮，成为几代人的生命记忆？也许可以从以下三方面去寻找答案。

其一，对美好情感的追求。

“文化大革命”期间，老百姓的文化生活以样板戏为主，而这部国内首次表现爱情主题的电影，犹如扑面而来的一缕清新春风，让人迷醉，让人回味。美丽的庐山象征着世界本身应该具有的自然之美，而青春靓丽的归国女华侨和英俊诚实的知识男青年正是当时人们心中美好爱情的最佳组合，于是一场在当时看来梦幻般的爱情在旖旎风光之中上演了。

女主角张瑜凭借清丽脱俗的面容、时尚靓丽的扮相成为一代人心中的偶像，当选第一届金鸡奖和同年百花奖的“双料影后”。美丽的爱情拨动了每位观众心中最温柔的那根琴弦，甚至张瑜在男主角脸颊上留下一记“蜻蜓点水”式的亲吻，也成为具有划时代意义的“中国银幕第一吻”，轰动了当时整个影视圈，也冲击了一个时代的爱情观。

其二，对美好的生活向往。

《庐山恋》成为那个时代的偶像剧，以及国内首部“时装电影”，张瑜在电影中先后换装 43 套，诸如牛仔裤、泡泡袖、喇叭裤、公主裙、细跟凉鞋、绣花衬衫、衬衣加开衫等，以及宽大的遮脸墨镜、可拎可挎的咖啡色小包，甚至还有泳装，色彩又有黄、紫、蓝、白等，都让当时的观众大开眼界，冲击着他们的观念和神经。几乎张瑜每次出场，都会引来女性观众的由衷赞叹，人们强烈地感受到了“时尚”和“美”，就像封闭的房间突然开启了一扇明亮的窗，五光十色的精彩世界让人目不暇接。

爱美之心人皆有之，对美好生活的追求是每个人的天性和本能。多年匮乏的物质生活，使无论男女老少，都是样式单一的“一身蓝”或者“一身灰”。毫无个性的穿着打扮让人们深感沉闷和压抑，对五彩缤纷的着装必然产生异乎寻常的热情和向往。

其三，庐山的旖旎风光与电影之间形成良好的互动。

《庐山恋》充分发挥了其电影的魔力，让本来就名声在外的庐山锦上添花。影片穿插了大量的庐山名胜和风景画面，让观众了解庐山的景点，领略庐山之美，比如仙人洞、三叠泉、白鹿洞书院、东林寺、龙首崖、含鄱口、花径等，都是男女主角演绎爱情故事的空间，片中特意加入了很多景点介绍，让观众多层次了解庐山的历史文化。电影热映之后，大大提升了庐山在人们心目中的地位，全国各地的人们在电影的召唤下纷至沓来，一度成为恋人们追求、见证爱情的“圣地”。

图 4–5 《庐山恋》电影剧照

庐山风景区还专门兴建了一座小型影院，每天从早到晚放映这部影片。“游庐山，看《庐山恋》”成为多年来一个固定的旅游项目。据统计，到 2010 年，《庐山恋》已在这家电影院里放映了 9300 余场，票价也从最初的 3 角变成了今天的 30 元。2002 年底吉尼斯总部正式授予《庐山恋》“世界上在同一影院连续放映时间最长的电影”的吉尼斯世界纪录。同时，电影《庐山恋》创造了“放映场次最多”“用坏拷贝最多”“单片放映时间最长”等多项世界纪录，并且这些纪录还在不断被刷新。

如果说是庐山造就了《庐山恋》，那么《庐山恋》就使庐山更具魅力、更有影响力。一部电影使庐山天下尽知，成为宣传庐山的一部广告片，成为打造庐山的一张名片。尽管在历史人文或者自然风光方面，某些风景区几乎与庐山齐名，比如黄山，但那些古今名人与政治事件离老百姓很遥远，我们只能作为旁观者。而一段刻骨铭心的爱情，是每个人心底的渴望，看完电影再去那些景点，就会触发到内心中的柔情和暖意，就会感觉到某种浪漫精神和气质，在秀美风光之外带给人附加的一种心理价值。

案例：茅台的巴拿马往事

为了庆祝巴拿马运河建成通航，1915 年美国国会决定在加利福尼亚州的旧金山举办巴拿马万国博览会，并向全世界各国发出参展邀请。当时的总统袁世凯批示，由工商部、农林部、教育部、财政部协同负责筹备参赛事宜，任命陈琪为“巴拿马赛会事务局”局长，同时通知各省相继成立“赴赛出品协会”，通过各级商会层层征集，选送展品，最终共选送 10 万多件商品参展。

贵州省仁怀市茅台古镇一带早在公元前 135 年就生产出令汉武帝“甘美之”的枸酱酒，这便是酱香型白酒茅台酒的前身。为了参加本次万国博览会，贵州选送了“成义酒坊”（后被称为华茅）和“荣和酒坊”（后被称为王茅）两家的酒作为名优特产送展，一概以“茅台造酒公司”的名义送出。获奖后王茅和华茅为国际金奖归属而争执不下，官司打到省府。到了 1951 年，成义、荣和加上恒兴三家烧房经过公私合营，成立了今天的国有茅台酒厂。

该届巴拿马万国博览会距今已过百年，一直以来，茅台都宣称自己曾夺取该博览会的金质奖章。但近年来，此说法频频受到业内专家质疑，历史的真相到底是什么？

茅台的说法——以“酒香为媒”斩获“荣誉勋章”

在旧金山的巴拿马万国博览会上，各国展品经其本国代表详细介绍、演示，中国展品以农产品为主，起初并没有吸引多少参观者。茅台酒装在深褐色的陶罐中，包装较为简陋土气，且又在农业馆，夹杂在棉、麻、大豆、食油等产品之中，更是不为人注意。

茅台曾在南洋劝业会获过大奖，代表团有人担心“好酒也怕巷子深”，提议将其搬到食品加工馆，以增加展示的机会。但在搬动时，不慎失手将一瓶茅台酒从展架上掉落摔碎（此即成为《怒掷酒瓶》的故事来源）。因为茅台可以空杯留香，随着陶罐破碎，酒香四溢，有代表灵机一动，于是建议不必换馆陈列，只需取酒一瓶，分置于数个空瓶之中，敞开瓶口，旁边再放几只酒杯，利用农展馆展品气味不大、闲人不多的特点，任茅台酒挥洒香气，随专业人士品尝。

图 4–6　贵州茅台酒平面广告

此举果然大为奏效，会场参观者们纷纷寻香而来。更有好奇者顺手拿起酒杯，争相品尝，一致交口称赞。农展馆一时熙熙攘攘，热闹非凡，随之形成轰动效应。

同年 5 月，博览会成立了展品评审团，成员来自世界各国科学、艺术、工商界代表等。展品评比共设立 4 个等级 6 个奖项，包括没有奖牌的鼓励奖。即（甲）大奖章（Grand Prize）、（乙）荣誉勋章（Medal of Honor）、（丁）金质奖章（Gold Medal），以上 3 个奖项均为一等奖；（戊）银质奖章（Silver Medal），为二等奖；（己）铜质奖章（Bronze Medal），为三等奖；（丙）鼓励奖（Honorable Medal）。

整个巴拿马博览会，共评出 25527 个获奖产品，其中实发奖章 20344 块、奖状 25527 张。中国展品获奖章 1218 枚，其中大奖章 62 枚、荣誉勋章 54 枚、金质奖章 250 枚，为各国获奖之冠。在博览会所设的 6 个奖项、4 个等级中，酒类金奖仅为 5 项。由于茅台酒“酒香为媒”的轰动效应，成为博览会上的明星，故不必再由评审团进行评比，而直接由高级评审委员会授予荣誉勋章金奖。

因此，在所有获得金奖的中国名酒中，也只有茅台酒成为“世界名酒”。其后到 1916 年，同样是为了庆祝巴拿马运河通航，美国又在风景如画的海滨城市圣迭戈举办了一次“巴拿马加州万国博览会”。由于“中国名酒风味独特，又以冰晶而显其长，受到西方各界人士的青睐”。茅台酒再获“金奖”殊荣，与法国科涅克白兰地、苏格兰威士忌并称为世界三大名酒。

努力还原历史真相

根据记载，加州万国博览会中国代表团满载而归，共获得奖牌和奖状 1211 个，其中大奖章 57 个、荣誉勋章 74 个、金质奖章 258 个、银质奖章 337 个、铜质奖章 258 个、鼓励奖 227 个。那么茅台获得何种奖章呢？

根据当时的中国代表团团长陈琪所著的《中国参与巴拿马太平洋万国博览会纪实》一书记载，白酒产品中获得最高奖项，也就是大奖章的，只有山西汾酒、直隶衡水老白干和河南宝丰酒，四川省、陕西省并无任何酒类产品获奖。贵州公署的酒（即现在的茅台酒）获得了银牌奖章，相当于二等奖。

那为什么茅台会宣称自己得了金奖呢？原来巴拿马万国博览会的大部分奖牌都是铜做的，只有二等奖是银质材料。但“巴拿马赛会事务局”将 3 项一等奖章和二等银质奖章全部做了镀金处理，这就是许多媒体和坊间传说贵州茅台酒获金牌的原因所在。2010 年 7 月 8 日，贵州省收藏家协会受持宝人委托，对其收藏的 1915 年茅台所得的奖牌进行鉴定，也验证了这一说法，这块金牌确实是银质镀金奖牌，属二等银质奖牌。

无论茅台是否获得过“巴拿马金奖”，毫无疑问，茅台都成为品牌宣传的大赢家。它讲述的参赛故事曲折传奇、跌宕起伏，能够抓住人心，成功助力茅台成为无可争议的白酒第一品牌。

【品牌个性】历史悠久，身价尊贵，酱香传统，擅长传播

4.4　表达观念

宋代词人辛弃疾《丑奴儿・书博山道中壁》:

少年不识愁滋味，爱上层楼。
爱上层楼，为赋新词强说愁。
而今识尽愁滋味，欲说还休。
欲说还休，却道天凉好个秋。

案例：宝矿力，青春自会飞翔

日本知名医药公司大冢制药是日本生产医用点滴液的先驱，它研发出一种方便人体补充水分和体能的健康饮料——宝矿力水特，也就是“可以喝的点滴液”，与水相比不易排出体外，可以长时间保持身体的水分。

1980 年宝矿力水特打进日本运动饮料市场，期初并不受市场欢迎，研发团队又用时六年多改善口味，目的是创造出一种“易于饮用，可以继续饮用，并且想再次记住并想要饮用”的味道，并在公共浴场、桑拿房、健身房等地免费发放给出汗的人品尝，一年之内就免费发出 3000 万罐。最终让人们意识到，出汗后补充水分和电解质非常必要。最大化地渗透到各圈层，就能让疯狂的新概念变成常识。

在产品包装设计上，宝矿力水特采用饱和度较高的天蓝色搭配纯白色作为企业的视觉识别系统，广泛应用于 Logo 设计、海报设计、视频广告、官方网站等营销传播的方方面面。其中，蓝色代表海洋，白色波纹代表波浪，同时抽象表现出产品成分天然，可被人体迅速吸收的特性。

在日本市场销售 30 多年后，宝矿力水特当初年轻的受众群体已为人父母，但仍对品牌保有较高的忠诚度。因此在孩子们眼中，宝矿力水特是“感冒时爸妈买来给自己补充水分和营养的紧急型饮料”，这显然与宝矿力想建立的日常健康饮料形象相差太远。因此从 2015 年开始，宝矿力水特发起了品牌重塑战略，目的就是与新世代年轻群体沟通。在“我的生命之水”的品牌内核基础上，从中提取活力和青春等元素，打磨焕新为“生命力”这一关键词，并将其作为品牌未来传播的重点。

2015 年“自己也可以拥有超乎想象的无限可能”，2016 年“挖掘潜能”，2017 年“挖掘潜能，你的梦想就是我的梦想”，2017 年“梦想一定会实现，向着超出想象的未来”，2018 年“宝矿力 GACHI DANCE 舞蹈季”，2019 年“蓝色舞蹈——青春的呐喊”，2020 年“蓝色舞蹈——雨后初晴”，2021 年“但是我看见了你”再到 2022 年的“不需要翅膀”，宝矿力努力扭转新世代消费群体的固有印象，将宝矿力水特打造成青春、热血、音乐、舞蹈的代名词，将青春活力作为新的传播导向，让年轻人认为宝矿力水特是适合自己和同龄人的饮料。

图 4–7　宝矿力饮品平面广告

2022年春季，宝矿力发布了名为《不需要翅膀》的广告短片：以一群高中生平平无奇的上学路开场，潮湿闷热的雨天，女生撑着伞走在路上，身后行人身影寂寥，被雨困住的城市像被一层透明膜包裹一般压抑。随着天气逐渐放晴，忽有一束光照来，直晃人的眼睛，女生迎着光抬头，出现一片晴朗天空——那里阳光明媚，巨大而洁白的云朵聚集在地平线上。女生看了看周围，攀上车顶，踩过一台台车，向着云朵奔跑。她忽然腾空而起，仿佛拥有了翅膀，最终一跃而上直冲云霄。随着她跃上云端，穹顶也迅速散去，她站在云层之上，碧空如洗，前所未有的美好画卷徐徐展开。随后镜头转换，女生发现自己一直站在街上，而她的朋友在前方天桥上召唤她，两人随即向着对方跑去。片尾云朵中显出一行白字——不需要翅膀，点出短片主题和宝矿力对青春的诠释——“青春不需要翅膀，只需要尽情挥洒汗水，你自会飞翔”。

宝矿力的广告有很高的辨识度，除了对色彩符号的坚持运用，还有其洋溢出来的青春活力。只要提到一个标签、词语或一种风格，就能立刻联想到某个品牌，这是营销最大的成功。载歌载舞的“歌舞剧”不仅代表着曾经恣意灵动的青春，而且非常吸引观众眼球，也容易通过模仿形成二次传播。

宝矿力之所以能够热销不衰，其为人所不能为、为人所不敢为的精品广告功不可没。坚持 19 年一镜到底、坚持 30 年胶卷摄影风格、坚持 40 年拍摄青春风格短片，让人们看到了宝矿力满满的诚意，每条列举出来都是众多品牌难以超越的。青春是热烈而敏感的，饱含着丰富的情绪，而一镜到底最能呈现炽烈、完整的青春情绪。当然一镜到底拍摄难度极大，意味着每个细微之处，都是决定镜头成败的关键，一处疏漏就又得重拍。宝矿力最终凭借着一股死磕精神，创作出了让人叹为观止的画面。人们往往通过一支广告去认识一个品牌，正是这一切“人所不能为”，成就了宝矿力独特的广告风格，也成就了宝矿力水特。

【品牌个性】青春，活力，健康，梦想

案例：SK-Ⅱ，女性价值与婚姻无关

SK-Ⅱ是宝洁公司旗下的高端化妆品品牌，诞生于日本，在东亚及东南亚等地区深受欢迎。1980 年传入中国，主要的专利成分是 Pitera，由一种天然酵母菌提炼而成，具有补水保湿、滋润皮肤、收缩毛孔、改善水油平衡、修复痘痘肌等功效，让皮肤保持一个非常好的状态。

每逢春节，大多数人都要回家团聚。但有一群所谓的“大龄单身女青年”，却尴尬徘徊，踟蹰不敢回家。父母抱怨“这么大年纪了还没把自己嫁出去”，自己辩解“不嫁人我就没有价值了吗”，“催婚”“逼婚”，观念的激烈冲突让两代人站在了对立面。于是过年回家的日常，被催婚成为常态。

从“租对象”欺骗父母，到众筹“反催婚”广告。“被催婚”一族们

总是屡屡想出新招数，和催婚的父母们过招。对此，每个单身女青年都有一部“催婚血泪史”……

有鉴于此，2016 年 4 月 SK-Ⅱ推出广告片“她最后去了相亲角”，成为 2016 年最火爆的广告之一，获得 4600 万次的播放量和 800 多万次的社交互动量，也引发了关于“剩女”和上海人民广场相亲角的广泛讨论。尽管争议极大，但广告显著提高了职业女性和女性高管对 SK-Ⅱ的好感，在中国销售暴涨 50%。

SK-Ⅱ：《她最后去了相亲角》：

这是她们的声音
她们被称为“剩女”
——超过 27 岁还没结婚的单身女性
但 SK–Ⅱ相信
每一位女性都可以独立、自信和美丽
为了解单身女性对自己现状的真实想法
SK–Ⅱ前往上海人民公园相亲角
记录她们真实的声音
邀你一起观看影片
倾听她们的故事

2019 年 2 月，SK-Ⅱ再接再厉，推出全新影片《为什么她们不回家过年》，聚焦婚姻压力，邀请 3 位单身女士讲述面对“过年回家便会被催婚”的真实困扰，揭示了现在很多单身女青年惧怕新年的心理。由于父母的传统思想，认为女生到了年龄就应该结婚，所以每到春节被催婚，成为很多大龄单身女青年必须面对的一道“年关”，她们甚至害怕回家。

片子中的她们并非不渴望婚姻，而是不愿意将就，且有能力让单身的自己活得一样精彩，但她们不敢向父母诉说，因为这样的生活状态往往被父母解读成脱离了传统女性的生活主线，也就是他们口中的所谓的“不务正业”，最终导致双方的误解越来越深，慢慢形成缠绕在双方心中的死结。

SK-Ⅱ广告直面单身女性不愿回家过年这一现实问题，引发了女性的强烈内心共鸣。随着女性独立意识越来越强，单身女性和上一辈之间的观念冲突也越来越大。之所以SK-Ⅱ这支广告能够在短时间内突破全网播放近4亿人次，因其带给观众的是一个思考和解决思路：鼓励女性及父母勇于迈出改变第一步，彼此和解，解开这份观念差异的心结。广告再次引发关注，视频获得了超过6000万人次的点击量，以及超过4000万人次的话题阅读量。

两支广告的一个共同点是同样都是素人出演，同样都聚焦年轻单身女性在生活中面临的婚姻压力；另一个共同点则是这两部片子都收获了极高的关注度，而传播力强的原因就在于引发顾客共鸣。SK-Ⅱ因为护肤成分主打抗老和美白，主要目标顾客大多数都是高收入且熟龄的女性。而这些熟龄单身女性的皮肤开始出现皱纹，加上父母的传统思想认为女生就应该趁年轻貌美出嫁，SK-Ⅱ便利用这个热门话题吸引消费者，告诉她们SK-Ⅱ护肤品可以帮她们缓解衰老的问题，让女性可以重回年轻的状态，用一种“定义自己人生”的态度，鼓励未婚女性拾起勇气，放下妥协，坚持自我，大胆尝试未知美好。SK-Ⅱ在建立与女性情感连接的层面把控得恰到好处，充分把品牌有温度、有态度以及积极社会价值观的一面进行了释放，而不是一味地煽动和制造情感冲击。

图4-8 SK-II产品平面广告

根据真实故事改编的内容，在情感上的流露远比编撰来得更为自然、入心。所以整支广告虽然讲的只是 3 个人的故事，但几乎每个同龄人，都能从她们身上看到属于自己的影子。这也是 SK-Ⅱ奠定与受众沟通的基础，而这种对于共鸣节奏的把控，也得到了很多正面的反馈。该广告并不像大多数“催婚广告”，用单一视角向青年呼吁诸如“放肆活出自己”此类的精神主义，或是站位青年向父母传达“独立的自己，活得也很开心”，又或是面向双方去诉出“换位思考”这样一种解决办法；而最终呈现的是一种积极改善关系的态度，在视频里面我们能够直观感受到，矛盾并没有影响女孩们爱她们的父母并理解他们的苦衷，父母只是想让她们可以不那么辛苦地工作，找到好对象，减少在经济上的压力。其实父母对女孩们催婚是一种“自私”的爱的表现，反映出个体观念及家庭观念上的差异，父母只想用正在过的生活去引导孩子不曾经历过的未来生活。

与以往的广告不同，在视频后半段，当女孩们鼓起勇气迈出第一步，用写信这种传统的书面沟通方式吐露心声，向父母坦白自己内心的真实想法，诉说催婚带给她们的巨大压力和痛苦后，最终突破了紧张的关系，得到了父母的理解和支持，矛盾的解决其实只需要双方各进一步，找到一个中间点进行沟通，就能相互理解。片子里父母对女儿说的话虽然简单，却温暖有力，能感受到父母和女儿之间化不开的亲情，这些话语也是女儿们期待的力量。

这个结尾有助于女孩们解开心结，她们可能会选择广告中的方式和父母达成一个共识，甚至缓解关系，使她们有一个积极面对的态度。这支广告触碰了女性情感的开关，使没有勇气开口沟通的女性与父母得以交付真心，鼓励她们勇敢去改变自己的命运，从而起到推动问题解决的积极作用，最终让“独立不惧”成为 SK-Ⅱ品牌“改写命运”价值观的外延。

一旦品牌上升到一定高度，产品销售便只是品牌服务消费者的一种方式。但是，想吸引消费者并由衷选择品牌，则需要品牌向消费者传达一种生活方式和生活态度，使消费者不会觉得“过时”。所以 SK-Ⅱ利用“催婚矛盾”这种现代单身女性状况来推动“独立”价值观，以正面形象获得更多认知和传播，让“改写命运”的火苗在女性群体中迅速点燃，再将精神认同转化为实际的消费力，最终实现“品效合一”的营销目的。

作为专业的女性护肤品牌，SK-Ⅱ一直在为女性发声。通过几支“反催婚”广告，我们也可以看出SK-Ⅱ用连续性的广告片，从“命运”“婚姻”到“年龄”，以及“两代人的情感矛盾”，一步步创造出了品牌的社会性价值。改写命运是对命运天注定的传统理念的质疑，女性可以去追求梦想，克服个人和社会局限性，改变自己的命运。

【品牌个性】独立，美丽，勇敢，温暖

4.5 创造梦境

现代诗人海子《面朝大海，春暖花开》：

从明天起，做一个幸福的人
喂马、劈柴，周游世界
从明天起，关心粮食和蔬菜
我有一所房子，面朝大海，春暖花开
从明天起，和每一个亲人通信
告诉他们我的幸福
那幸福的闪电告诉我的
我将告诉每一个人
给每一条河每一座山取一个温暖的名字
陌生人，我也为你祝福
愿你有一个灿烂的前程
愿你有情人终成眷属
愿你在尘世获得幸福
我只愿面朝大海，春暖花开

案例：南方黑芝麻糊，回到童年的梦

南方黑芝麻集团始创于 1984 年，是一家以黑芝麻产业为主业，集黑芝麻健康产品研发、生产、销售为一体的大型民营企业集团，“南方黑芝麻糊”是中国黑芝麻产业知名品牌。公司总部设在广西南宁市，生产基地分布在广西、江西、安徽、湖北、浙江等省区。产品有黑芝麻糊类、黑芝麻饮料、黑芝麻丸等食养产品以及富硒大米、休闲食品等。

“南方黑芝麻糊”享有中国糊类知名品牌的美誉，是以大米、黑芝麻等为主要原料精制而成，并添加了人体所必需的维生素 A、维生素 D 和钙，具有芝麻浓郁的香味，香滑可口。该产品由南方黑芝麻集团荣誉出品并畅销 30 多年，备受消费者喜爱。

20 世纪 90 年代是名副其实的“电视称雄”时代，一支优秀的电视广告除了能给人带来非同一般的视听享受，更能成功盘活一个品牌，甚至创下销量奇迹。如果要评选小时候最喜爱的广告，“南方黑芝麻糊”必居其一。这么多年过去了，我们仍无法忘记那个一听到卖芝麻糊就再也坐不住的小男孩。当然更难以忘怀的，是曾经那个一听到电视里传来黑芝麻糊的叫卖声就再也忍不住流口水的我们自己。

一个漆黑的夜晚，一条典型的南方麻石小巷，一对母女挑着竹担的背影，一盏左右摇晃的煤油灯，广告在一片橘黄色基调中展开。伴随着一声亲切而悠长的“黑——芝麻糊咧——”的吆喝声，一个戴着棉帽、穿着布衫的小男孩兴奋地跑出来，带着渴求的眼神奔向小摊。伴随着那饱含童年回忆的内心独白：“小时候，一听见芝麻糊的叫卖声，我就再也坐不住了”，他急不可耐地搓手、咬唇，等待着那一碗浓香四溢的芝麻糊。

慈祥的大婶给小男孩舀了一勺芝麻糊，他迫不及待地捧着碗大口大口地享用起来，还意犹未尽地把碗底舔个精光，引得一旁碾芝麻的小女孩掩嘴窃笑。大婶又怜爱地给小男孩舀了一勺，并为他抹去嘴角残留的芝麻糊。此时，画外音再次传来：“一股浓香，一缕温暖，南方黑芝麻糊。”

图 4–9 南方黑芝麻平面广告

黑芝麻糊是非常平常的食物，朴实无华，要想做出出色的广告宣传亮点实属不易。但是，没有特点就是最大的特点。南方黑芝麻糊电视广告的制作者利用一种高明的手法：站在消费者的角度，从商品中寻求推销重点，从人性中寻求诉求重点，组合优秀的创意，使广告基于商品，又高于商品。

“黑芝麻糊咧，一股浓香，一缕温暖——南方黑芝麻糊”这段经典广告，曾获得全国广告设计大奖，它是专为目标客户设计的。南方黑芝麻糊的目标客户是中老年及已经长大的青壮年群体。单从黑芝麻糊这一商品实物来说，它没有华丽的外观，也没有大众不熟悉的元素，这显示了芝麻糊接地气的特点，民众熟悉，这就奠定了广泛的民众基础。一旦将商品与人性联系起来，就大有创意素材可挖。该广告正是抓住了这一点，用情感来销售，以回忆的手法，将消费者带回到黑芝麻糊香甜可口的回忆中，带回到无忧无虑的童年，使一个平淡无奇的黑芝麻糊既有了生气，又有了人情味，为广告营造出了一种怀旧温情的氛围，让人感同身受，如临其境。广告与受众之间产生的联动效应，能够让受众对产品产生认同感、亲切感和温馨感，由此会触发目标客户购买产品的欲望，并转化为购买该商品的行动。可以说，南方黑芝麻糊广告片利用了人们的怀旧心理，激发了人们的情愫，使得广告宣传获得巨大的成功，也由此获得了极高的品牌知名度。

我们再从广告的细节分析：小男孩在喝完一碗芝麻糊后忍不住用舌头将碗舔个精光。这个动作对于成年人来说是不雅观的，但放在小孩子身上，却是童真童趣的生动体现。从商品诉求角度来看，这也是对南方黑芝麻糊诱人魅力的一种暗示，相比起急吼吼地自吹自擂，这种无声的手法反而能够更明晰更有力地传达，也更加含蓄文雅，使得这一细节具有强烈的说服力。

再从广告整体入手，该广告的整个画面、背景、底色、人物装束打扮和声音的处理，处处渲染和营造着一种怀旧的氛围。当人们在看这则广告片时，会不知不觉地被其引到一个南方的小镇，特别是有同样生活经历的人，很容易在内心油然而生对过去生活的怀念和追忆。画中那个可爱的小男孩，吃得满嘴黑乎乎的，还在舔着碗边，馋馋地伸出碗向那位大婶讨吃的样子，会令观众想起自己的童年，露出会心的微笑。而小男孩直勾勾的眼神、馋馋的动作，又会刺激受众的味觉，让他们感到香浓滑软的芝麻糊正穿过他们的舌尖、喉咙滑进胃里。

南方黑芝麻糊利用点滴的细节向消费者传递了“关爱相随”的品牌诉求，在消费者心目中，南方黑芝麻糊就是温情、家乡味道的代言，这个温馨、健康、活泼的形象得到广泛传播并深入人心。以匠心独运的创意构思和主打的“温情牌”，一夜之间吸引了电视机前的男女老幼。怀旧的主题，复古的场景，悠扬的曲调，深情的念白……每个看过广告的人几乎都沉浸在那一幕温馨隽永之中，也都被那个可爱小男孩舔碗底的镜头深深打动。后来，南方黑芝麻糊也从一个名不见经传的地方品牌成长为火遍大江南北的知名品牌，并长期占据国内糊类食品的市场霸主地位。

情感就是人与人之间、观众与广告作品之间的一个桥梁，能对品牌的个性进行塑造，也能提升广告作品的感染力，用情感来打动人、感化人，将情感与广告作品相融合，将情感传递给消费人群，实现品牌形象与情感的有机结合和统一，只有这样才能激发消费者的购买欲望。广告不仅仅是为了销售产品，更是承担着社会责任，一个好的广告若是想为品牌加分，为品牌提升魅力，就应该向社会传递正能量，传递品牌愿景，提升自身格局。

【品牌个性】温暖，香甜，质朴，健康

案例：爱彼迎，山海间人情里

2008 年 8 月，爱彼迎（Airbnb）成立于美国加州的旧金山市。两位创始人毕业于罗德岛设计学院，当时正在旧金山居住。他们发现当地举办的一场国际设计大会造成周边住宿紧缺，于是为参会者提供充气床垫来赚钱补贴房租。这一事件为他们创办爱彼迎提供了灵感。

爱彼迎公司定位为“一个值得信赖的社区，人们可以在其中寻找和预订世界各地的独特住宿”。本质上它是一家撮合旅游人群和愿意提供空闲房间的房东的服务型网站，住客可通过手机或 PC 端搜寻目标房源，并完成沟通、预订和付款等操作。据官网介绍，Airbnb 平台在超过 192 个国家，为旅行者们提供了数以百万计的不同住宿选择。从普通民宿到树屋、海底酒店等不一而足，不过一半以上是公寓或独立房屋，近四成为独立房间，还有极少数为共享房间。

Airbnb 重塑了酒店行业，你可以从个人那里租住一间房屋，而不是从一家酒店中租住。如今爱彼迎已经有了 600 多万套活跃房源，其中定义的“独特房源”就多达 400 多万套，这份“独特”不是刻意为之，而是自然而然。

传统旅行住处只能按照时间、目的地进行搜索，限制了旅行者们的想象力。爱彼迎因此从房源风格、地理位置及周边特色活动三个维度进行产品升级，划分为 60 余种特色房源，这好比给遍布全球 10 万个目的地的 400 多万套房源加了“导航”。同时，灵活的搜索方式让找“对”房源的过程更轻松。在搜索页，“目的地”和“特色分类”可叠加搜索，让已有明确计划的用户更快找到心仪房源。

此外，爱彼迎注意到旅行玩法正开始取代目的地，成为影响旅游消费决策的主要因素。因此，它将住宿与玩法相结合，将“露营”“雪场民宿”“冲浪圣地”“葡萄园”等特色分类与周边活动相结合，其平台上有 40

万个雪场民宿、24 万个冲浪胜地民宿，以及 15 万个高尔夫球场民宿和农场民宿等供用户选择。

图 4–10　爱彼迎平面广告

爱彼迎希望带给旅行者的感觉，不再只是一个名字、一个品牌，而是一种生活方式和生活态度。爱彼迎最有生命力的地方在于人与人的连接，人们愿意打开家门，迎接来自世界各地的陌生人，超越空间形成一种“家”的归属感。此外，人与社区的互动也是爱彼迎一直以来最重要的灵魂，社区越来越强大，人与人之间的距离就越来越小。通过强大的房东与房客所形成的社区网络，建立人与人之间互相信赖的关系。作为共享经济的领导者，爱彼迎也将在旅行和文化产品上持续创新，用以人为本的精神去连接当地的历史文化，将中国的传统发扬光大，让中国的非遗走出国门。

爱彼迎拥有 400 万独特房源，最近直接升级到 60 多种妙趣横生的特色奇屋：树屋、船屋、石屋、城堡、风车小屋、洞穴民宿、北极风光、生态土屋、农家仓房、集装箱房、牧羊人小屋……不一而足。比起规模化复制的连锁酒店，爱彼迎在大家印象中一直更具温度和人情味。

这份不同来自民宿本身就是大部分人自己的家，“每个人在建造自己家的时候，都会注入很多对生活的理解、对家的热爱，以及自己美学的积累。所以，它们本身就有很独特的创意，在世界各地建造出来的房子也就是各种各样的”。

爱彼迎会保留房子自身的建筑特色，然后看它的位置有怎样的地域风光和当地风情，最后看它能给人们带来怎样的生活体验，从而让大家看到名字就知道，住进这个房子能给他们带来什么。

独特房屋的新鲜和有趣是硬性条件带来的，而真正能让人记忆留存的，往往是在房子里发生的故事。爱彼迎重新构建了住户和房东的关系——他们不仅仅是租和住的关系，而是各自的生活在此交集并产生了专属这个地方的生活体验。比如一个非常有爱的房东，就像一个异国他乡的老朋友；当地的房子带来的邻里体验，以及周围的活动让你认识的新朋友，都会从情感上不断地加持这次旅行的美好感觉。

如果你感觉这个房子的环境很美，那些和你在房子里产生交集的人，则会和你分享更多故事和当地文化，这种精神的连接一旦被建立，就会形成更深的记忆，让你对这个地方产生更多牵绊。

爱彼迎管理团队认为：“真正赋予灵魂的其实是房子背后的人”，在评论区也可以看到大家会为这样的房子而触动，很多房东和房客在旅行之后也会保持联系。逢年过节还会在 App 上给对方发去祝福，新冠疫情刚开始的时候，有的房客还会问房东那边情况好不好。

从独特房源租赁情况可以发现，在看似转瞬即逝或昙花一现的新奇体验下，爱彼迎还在持续打造这份长久以来的归属感。世界各地的房东把自己的家分享在爱彼迎上，那些被人们预订和浏览越多的房子，爱彼迎就通过算法发现和推荐让它们越来越受欢迎。久而久之，房东们会把自己的家装扮得更好，也会有更多有创造力的人也参与进来，创建着自己梦想的空间。

新奇独特的房子，加上看不见的精神价值，让人们更有欲望在社交媒体或者自己的圈子里进行口碑传播，由此，房子变得越来越出名，爱彼迎有特点的新奇房子也就越来越多了。

“房子不能纯粹标新立异，建造出来还得考虑功能性，需要人们在这个空间里能好好住下来”，爱彼迎上很火的土豆屋，最大亮点就是看起来真的像一个巨型土豆，以至于人们第一眼可能会以为里面都是硬邦邦、光溜溜的水泥，但实际反差很大——色调粉白，设施完善，走进去会感到温馨和舒服。

60 多个独特房源分类上线后，最吸引中国用户点击的就是“所见即所得”类别，比如“魅力泳池”“绝美景观”“海景民宿”“乡野民宿”“临湖民宿”等。这些分类初看上去甚至与建筑没关系，但你一眼就能发现通过这个房子能做什么活动，能看到什么样的风景。值得一提的设计细节是，当用户双击收藏房屋时，会有小爱心冒出来，如果在暗夜模式下，画面还会变成彩色的，让人有一种被点亮的感觉。

这种暗夜模式的彩色小交互注入了情感化的设计，房子因为你的喜欢而被点亮，它也点亮了你心中想出行的愿望。为了让人们搜索更灵活，爱彼迎管理团队还增加了一个“叠加不同特色分类”的功能，以解决成年人往往什么都想要的难题。

惊喜发现 + 沉浸探索，就是打造用户满意的新产品体验的路径。而那些图标、名字、交互上各种有爱的细节，则让爱彼迎得以成为爱彼迎。把旅游想得简单一点就是玩，想得深刻一点就是有深度地理解这个世界，同时更有深度地把你的生活活得不一样，把有限的生命活得不一样。

【品牌个性】独特，文艺，新奇，温馨，便捷

4.6　充当信物

唐代诗人王维《红豆》：

红豆生南国，
春来发几枝？
劝君多采撷，
此物最相思。

案例：百事可乐，把乐带回家

百事公司是一家总部位于纽约的全球领先的饮料和休闲食品公司，在200多个国家和地区拥有14万名雇员。旗下系列产品中有22个品牌年零售额都在十亿美元以上，如百事可乐、佳得乐、乐事、百事轻怡、百事极度、纯果乐、多力多滋、立顿茶、桂格麦片、奇多、七喜、美年达，等等。

每年临近春节，都是快消品营销大打亲情牌的时候。百事可乐从2012年就开始围绕“把乐带回家”主题进行传播，至今已经整整11年。剧情式短片《把乐带回家》采用了贺岁片的形式，让各个不同年龄段的明星集中出现在本品牌的广告中。好处在于可广泛覆盖各个不同年龄段的人群，将品牌自然融入温馨、感动、团圆的春节氛围，令人印象深刻。

《把乐带回家2021》致敬平凡英雄，讲述了外卖配送员和希望小学老师两个平凡人的暖心故事。一改往年的全明星阵容和戏剧化情节战略，此次走温情路线，继续贯彻将品牌诉求与春节结合起来的叙事模式。广告由两个短片组成，一是由潘粤明主演的《我爸的快乐》，二是由宋佳主演的《继荣的新年》。广告根据真实故事原型改编成微电影，采用纪实性拍摄手法，诉求情感和情怀，从而拉近品牌与观众的距离，成为经典的整合营销案例。

百事可乐广告一：我爸的快乐

该广告讲述了一个外卖员的故事。在儿子的作文中，父亲是一个获得各项金勺奖，热爱健康和高度自律，拼脑力、拼体力和拼速度的一个大厨。但现实中，他的爸爸却是一个在大年三十晚上还忙着送外卖、拼速度的外卖员。家里人对父亲的职业并不完全认同。在故事的最后，将父亲的快乐——白粥和可乐以外卖的形式送给父亲，表明家人对父亲的爱和认同。以儿子朗读作文《我爸是一个外卖员》为故事结尾，表达对父亲职业的理解和认同。

在短片中，通过对比的叙事方式，将儿子心目中的父亲和现实中的父亲进行对比，选取大年三十这个具有丰富内涵的时间节点，还将年夜饭桌上爷爷奶奶和孙子的“红包拉锯战”等情节展现出来。作为家庭的核心，父亲的到来不仅打破了餐桌上的尴尬局面，也带来了好吃的，给全家带来了快乐。同时，这则广告选取了“外卖员”这个本身就具有“给别人送去快乐”内涵的职业的故事，也与“把乐带回家”的主题契合。

百事可乐广告二：继荣的新年

该广告讲述的是一所偏远地区希望小学的女校长在春节期间仍坚持给学校争取师资和物资，仍在家访的故事。由于地区偏远，师资流失严重，学校的条件十分困难，老师们也纷纷请求调走。但是在故事的最后，老师们留在了学校，新宿舍和教学楼也建了起来。

短片的故事线较为简单朴素，开头时校长的丈夫不能回来过年，家访又不招家长待见，去村里要求改善教育条件也遭反对，老师们都要往外跑，“年夜饭成了散伙饭”。但在故事结尾，“新年有几件新事，老师们留下来了，丈夫也调回来了，村里的活动中心改成了新宿舍，就好像这个特别的春节，把大家的期待都带回了家”。无论多少年，家是放不下的牵挂，不管怎么样，家是源源不断的力量，把“家”和“希望的快乐”紧密联系起来，与“把乐带回家”的主题相呼应，带动了观众情绪。

图 4-11　百事可乐平面广告

整个广告聚焦于中国传统的“家”概念，通过描述普通人的生活，突出过年团圆、追求梦想等具有丰富情怀的元素，引发消费者共鸣。百事可乐在宣传品牌和产品的同时，传递着与亲情、家、梦想等人类永恒的主题相关的价值观念。

宣扬“奉献精神”。两个短片都在传递着为他人服务、关爱他人的奉献精神。在《我爸的快乐》中，父亲在大年三十仍坚持给用户送餐，和同行寒暄、递可乐等，把人类之间最朴素的情感在不经意间刻画出来。在《继荣的新年》中，女校长本可以在县城教书，但还是要回到家乡，报答家乡。整支广告都在传递为他人奉献自我的无私、有爱的价值观念。

宣扬积极向上的人生态度。《我爸的快乐》中，无论是儿子作文笔下的父亲还是现实中的父亲，都充满着积极向上的人生态度。即使父亲的餐馆倒闭了，他仍积极地工作着，从事新的行业，并且充满希望，乐观且踏实。《继荣的新年》中的校长，即使遇到了许多困难和挫折，也不卑不亢、不被困难打败。

当今社会发展迅速、日新月异，每个人都生活在竞争的洪流中。正因如此，我们才需要学习广告中所展现出来的拼搏精神。无论是什么职业，都要坚持靠自己的双手打造出属于自己的天地，生活才会因此五彩斑斓，人生才不会倒退，世界才会更加精彩美好。

【品牌个性】年轻，活力，欢乐，阳光

案例：益达关爱牙齿，更关心你

“益达”作为箭牌公司推出的第一款无糖口音糖，1996 年正式进入中国市场，并于 2010 年推出“人生五味”系列广告。”该广告为剧情式广告，在广告的表现形式上富有创造力；它以年轻人的情感为主，讲述了一个个充满温馨的故事，让人感觉嚼的不是口香糖，而是关爱。该广告以电影短片的形式讲述了酸、甜、苦、辣四个小故事，并把品牌与产品诉求巧妙融合在这几个故事中，让故事的主题成为品牌的核心概念。整个广告所要表达的主题，即无论是在尝过各种味道后对牙齿的关爱，还是生活路上对他人的关心，“益达”始终相信，应该用灿烂的笑容面对生活中的酸甜苦辣。

把握受众的接受规律。整支广告分为酸甜苦辣四个小部分，体现了两个人生活中的酸甜苦辣，而在此过程中有益达相伴，保护着你的牙齿，完美地将“关爱牙齿，更关心你”的产品理念和微电影相结合，通过情感诉求将产品的信息和品牌的内涵融合到电影剧情当中，较强的故事性吸引了受众的注意，给受众留下深刻的印象。通过微电影广告将使品牌的内涵和企业的价值观不断被受众了解和接受，对受众产生潜移默化的影响。

广告词展示加油站邂逅——你的益达也满了。

酸甜苦辣之甜——兄弟，先弄好你的牙齿吧。

酸甜苦辣之酸——咦，这是啥？哦，益达，对牙齿好的！来！

酸甜苦辣之辣——还好我的益达不辣。

酸甜苦辣之苦——谢谢一路过来的酸甜苦辣，不管是兄弟还是益达！

广告采用了电影系列短片形式，一方面，打破了传统广告时间短、内容简洁等特点，将内容与商品信息合二为一，使产品信息深入情节内涵。采用网络视频，人们可以转载观看，不仅可以降低广告成本，而且达到的效果也是显而易见的。另一方面，也适应了新媒体市场的发展。

图 4-12　益达口香糖平面广告

明星效应，引起关注。不仅邀请明星拍摄系列广告，还配合“酸甜苦辣”主题开展活动，请代言人见证粉丝的酸甜苦辣，并坚持每天在官方微博上进行跟踪宣传。

情感营销，引起共鸣。用户通过微博平台发布自己酸甜苦辣经历，引起用户之间的讨论、产生情感共鸣，拉近品牌和用户之间的距离，增强用户对益达品牌的好感度，从而帮助益达更有效地将参与活动的用户转为品牌消费者。

品牌维护，持续有效。官方微博持续提高益达品牌的美誉度，吸引更多用户加入，从而增加益达消费者的忠诚度以及代言人粉丝对益达的关注度。

益达人生五味系列广告，主要通过 4 个连续的微短故事篇章来呈现，突出的是爱情中充满酸甜苦辣。广告的潜台词是：有了益达口香糖，就不再担心酸甜苦辣各种滋味对牙齿的伤害，突出体现了益达想要宣传的情感化主题“关爱牙齿　更关心你”。

在 4 支广告中，益达以“缘起”为开端，男主角骑摩托车到加油站加油，与女主角相遇并互相产生好感，结尾一句“兄弟，你的益达也满了”，两人相视一笑，开启了两人酸甜苦辣的旅程。

故事一：甜蜜的开始，总是充满美味。讲述男女主角来到人际喧嚣的小镇，男生拿了两串糖葫芦给女生，顺便带上了一盒益达，但是他们的摩托车没法发动，女生帮忙上车搞定后坐在男生的身后，用手抱住他的腰说道：“看路，我们还要去海边呢。”

故事二：越觉得心酸，越是在乎对方。他们来到拉面馆停下来吃东西，男生将他们的益达分享给漂亮的老板娘，这让女生很生气，所以吃面的时候把整瓶醋倒进自己碗里。女生把面吃完后抬头一看，男生又不见了。这个时候老板娘给她一瓶益达，“其实他挺关心你的”。广告到此结束。

故事三：火辣的争吵，是爱的调味剂。女生对男生不听自己意见而导致迷路非常生气，男生不停地说抱歉，到了烧烤摊前，女生一口气要了十串烤肉，结果吃了后被烤肉辣到想哭，大声地质问男生为什么不告诉她。旁边的几个壮汉让他们小声点，男生拉着女生跑。边跑边笑，一句“哇！

原来你的嘴巴那么辣，还好我的益达不辣”。

故事四：最苦的总是，爱得不够勇敢。男生和女生来到海边，风景很美很浪漫，这是属于两人的温馨时光，就算被海水呛到也是那么开心。女生问：“接下来我们怎么样？”男生兴奋说出他们的旅行计划，可是女生眼神开始黯淡。其实女生想问的不是去哪儿，而是和男生要怎么走下去。最终，两人虽然相爱，但都没有勇气表达，无奈之下，女生带着益达选择了离开，在离开的公车上，想起他们曾经一起经历过的酸甜苦辣。

如今，产品同质化严重，消费者对产品的需求从功能性满足上升到情感满足和个人价值的实现上，因此相对于理性诉求的广告，为广告赋予情感更能迎合消费者、吸引消费者。益达在选择广告主题时，选择的是年轻男女的爱情，这一主题和消费者的人生阶段以及相关的感悟是相契合的。

广告连接了年轻消费者的心理与情感需求，将品牌与爱情联系起来。益达详细地描绘了男女生的丝丝情愫在空气中慢慢发酵，伴随着在吃完糖葫芦后再来两颗益达，两人脸上都洋溢着幸福而满足的微笑，让观众也从广告中感受到丝丝甜蜜。通过广告让消费者对益达的产品建立起关于甜蜜爱情的心理回忆与联想，激发情感上的共鸣，这些情绪最终融入品牌中，有利于树立消费者的品牌忠诚度以及培养消费者的品牌偏好。

此外，广告中还体现出情侣互相之间默默地关心，动人心弦。一个很平常的场景，情侣间很平常的互动，跟企业形象结合起来，就能使人们对企业产生好感，对产品加深印象，并且广告与现实贴合紧密，没有过多的虚浮画面，契合目标消费者的生活和情感。

【品牌个性】关爱，欢笑，爱情，甜蜜

4.7　代入情境

元末明初诗人唐珙《题龙阳县青草湖》：

西风吹老洞庭波，
一夜湘君白发多。

醉后不知天在水，
满船清梦压星河。

案例：士力架，变身的快乐

士力架是玛氏食品公司旗下热量型巧克力品牌，1930年诞生于美国。士力架内含烤熟的花生和焦糖组成的“牛轧糖”，外部包裹牛奶巧克力，口味甜中带咸，是热量型巧克力的典型代表。1992年士力架进入中国，其后多年时间，士力架一直把品牌形象同运动相结合，深受年轻人的喜爱。

士力架的目标客户瞄准青年群体，并为此进行了大量市场调研。结果显示，年轻群体都喜欢运动和健身，喜欢尝试富有挑战的新鲜事物。另外，年轻人处于身体发育期，消耗的能量大、容易感到饥饿，所以对补充能量有相当大的需求。士力架作为日常零食，既可以解决饥饿问题，又能随时满足人体的营养需求，其甜中带咸的口味独树一帜，让它在一众巧克力品牌中脱颖而出，香浓的牛奶巧克力，包裹着柔软的焦糖和牛轧，还有酥脆的烤花生，勾起消费者的购买欲望。此外，对于巧克力市场来说，士力架的价格比较实惠，也与年轻人的消费水平匹配。

那么怎样让年轻人一眼就看到士力架？这需要产品具有极高的辨识度，玛氏公司决定从目标消费群最为显著的“容易饥饿”入手。与其他众多巧克力品牌主打浪漫、高贵等基调不同，士力架定位为“运动、能量、横扫饥饿”，品牌传播也紧紧围绕这一定位。广告创作主要源于对“饿”的遐思，从而联想到了恶霸——“饿霸”。广告采取拟人、谐音化的手法，生动表现出士力架“消除饿霸”的英雄形象，在令人捧腹的同时，对士力架的好感也萌生并加深。士力架在无数“饿意”的场景里，“幽默”地告诉我们：饿了就来根士力架吧！

“以情动人”是企业文化追求的境界，特别是在中国这么一个以情为上的国度里。士力架通过多年持续的“广告赋情，品牌传情”，建立了特有而清晰的品牌定位——“横扫饥饿”。在中国市场，选取什么主题表现其品牌定位？士力架下了很大的功夫，最终选择了中国古典文学中最弱不禁风的人物——林黛玉。由此，一则搞笑幽默的广告横空出世：林黛玉在足球场担任守门员，因为有气无力而被队友责备。神奇的是，吃了一条士力架之后，摇身一变，成了一个战力十足的彪形大汉。这个剧情非常搞笑，反差极大，也表现了士力架适用于运动场景。能量从强到弱、从弱到强的转换，戏剧十足的反差，欢快幽默的情节，让消费者忍俊不禁，对品牌留下深刻的印象。在他们饥饿、能量不足的时候，来条士力架就能迅速补充体力，快速恢复自己最佳的状态。士力架与新版《红楼梦》的主演合作，加上幽默搞怪的故事情节，在短短两周内实现 160 万次点击量，引起年轻受众的广泛关注。

图 4–13　士力架巧克力平面广告

此外，士力架擅长运用社交媒体参与热点事件。在《甄嬛传》中饰演华妃娘娘的蒋欣依靠“神吐槽 + 国家级翻白眼”赢得了表情皇后的美誉，“小咖秀”的出现也曾一度成了社交媒体的追逐热点。士力架抓住机会，上线滑稽创意广告——《士力架携手华妃娘娘展现最有格调小咖秀》，短短两周时间就获得 1.7 亿的点击量。两条最有特色的小咖秀视频仅在优酷的总播放量就超过 547 万次，平均播放时长 48 秒，取得了令人惊喜的传播效果。

商品本身没有情感，但是如果把人的情感与商品中的美或好处有机结合起来，就给商品注入了情感因素。一种平淡无奇的商品，如果有了情感的介入，就能够打动人、感染人，激发人的购买欲望，使人在情感体验和心理满足的同时潜移默化地接受商品。

图 4–14　士力架巧克力平面广告

随着当前商品越来越同质化，品牌之间的竞争已经逐渐从产品的功能、质量和价格竞争转变为品牌文化之间的竞争，消费不仅仅是一种购买行为，更多的是对品牌文化的认同。在市场竞争激烈的情况下，品牌被赋予了与文化和精神层面相关的附加价值，通过情感设计引导消费者对品牌产生共鸣，提升品牌的魅力。

【品牌个性】运动，能量，幽默，友情

案例：RIO，一个人微醺

RIO（锐澳）鸡尾酒源于巴西城市“里约热内卢”的简称，寓意充满活力、时尚、热情、阳光、快乐、自在的性格。源于欧洲，经澳大利亚研发人员助力，2003 年在国内经过 8 个月市场测试，专属中国消费者的低酒精饮品 RIO 正式诞生，并迈出开拓中国低酒精饮品市场的第一步。

RIO 预调鸡尾酒现已成功推出 6 种口味的瓶装产品，以及 8 种口味的罐装产品。根据消费者对口味的不同偏好，精心调制出各种怡人口味。2016 年初，RIO 鸡尾酒为进一步满足不同年龄层次的消费者需求，推出了 RIO 5 度本味系列和 RIO 8 度强爽系列两款全新预调鸡尾酒系列产品。两款酒均是以伏特加为基酒，搭配柑橘类果汁调制而成，营销定位瞄准频率更高的独饮场景。根据尼尔森数据，RIO 品牌市场占有率在逐渐提升，2017 年维持在 70% 左右，品牌认可度将会继续提升。

“微醺”作为 RIO 的一款低酒精度果酒，主打“一个人的小酒”的概念，旨在满足年轻消费者，特别是年轻女性消费者独处生活场景下的饮酒需求，帮助人们释放情绪、取悦自己，所以“微醺”系列的营销广告一直以来都保持着清新文艺的治愈风格。每到夏季来临，人们的心思也和空气温度一样开始燥热起来。RIO 微醺系列推出了新广告，它就像炎炎夏日里的一缕清风，安抚人们烦躁的内心。

广告一：走在雨中

在被竹林围绕的家中，女孩一个人听着雨、吹着风、喝着酒，清唱着《走在雨中》，像是在享受宁静，又像是在放空自己……这支广告虽然只有短短 30 秒，但实则是极用心之作。广告的拍摄地选取在一个日式风格的宽阔庭院，四面通透的玻璃大窗映出室外大量的绿植、绣球花，再加上偏清冷的画面色调，这支广告的清新之感洋溢眼底。

终于
我把自己还给自己了
RIO 微醺
一个人的小酒

在各种细节上，也投入了许多精致的心思。未完成的画架、老款式的风扇、复古花色的地毯、单人的皮沙发……在生活场景的布置上，广告精心选取了几个小物件，塑造了一个文艺有格调的环境。并且，这支品牌 TVC 还运用一些具有治愈效果的音效来调动观众感官，如细雨唤醒花草的滴答声、穿堂风敲打风铃的铃铃声、冰块碰撞杯壁的脆响……以此营造一个静谧的意境，使人沉浸在短片的氛围里。这支广告的文案部分也是这样美好，像是在自言自语，又像是在述说着少女的心事。

这支广告最打动人的，便是这句“把自己还给自己”。现在有多少人背负着生活的压力、情感的苦痛，在人世间挣扎。许多时候并不能找到让自己快乐的意义，为了赚钱而拼命工作，为了结婚而相亲恋爱，为了不孤单而假笑迎合……能自然地抛开事务、忘掉纷扰，让自己找回自己，这大概是许多人的渴求。

就在这时候，广告里的一场小雨、一首小歌让你心静下来，加之劝你不如坐下来喝一罐小酒，用一点点酒精让微醺的自己飘起来。“微醺”这个词也是一语双关，既是品名，也是酒后的一种放松状态。

RIO 广告将目标瞄准单身青年，推出“一个人的小酒”全新 slogan，这也正是 RIO 的高明之处。对于离开父母、独自在大城市工作的年轻人来说，一人独居，两眼惺忪，三餐外卖，四季淘宝……已成为他们的生活日常。全国第七次人口普查结果显示，平均家庭规模较 10 年前减少了 0.48 人，选择独居的人口数量增加。新一代年轻人追寻自由，喜欢随心所欲，热爱特立独行，追求个性自我，他们不喜欢一成不变，喜欢打破陈旧，拥抱一切新鲜感的事物，好奇一切未知，这和 RIO 品牌“RIO 在，超自在”的主张相契合，更与 RIO 微醺系列产品主张相匹配。

图 4–15　RIO 酒饮平面广告

RIO 在代言人的选择上延续了清新文艺的少女风格，周冬雨身上具有的脱俗的灵气和邻家女孩的气质，与品牌调性十分契合。周冬雨凭借《山楂树之恋》《喜欢你》《同桌的你》《阳台上》《少年的你》等一系列影视作品所建立起来的“少女”形象已经深入人心，其本身具有的少女气质十分契合品牌年轻化大潮。在 RIO 微醺广告中，她的演绎灵动、自然、不做作，“微醺”这个词被她烘托得生动传神，将“一个人的小酒”深植于消费者心中。

该广告视频《走在雨中》抖音曝光量1980万人次，点赞量73万人次；微博曝光量 3120 万人次，总计曝光量达到 5100 万人次，是周冬雨当年点赞量最多的广告视频，同时获得数英奖、金投赏创意奖、上海国际广告创意奖等荣誉。

广告二：空巢独饮万岁

随着女性独立意识的崛起，在外工作的年轻女性越来越多。而在外工作，便意味着更多的孤独与“一个人的独处”。同样面临着一个人的孤单，一个人的晚饭，一个人时对爱情的幻想，一个人对金钱的焦虑，一个人冥想时对世界的思考。当目标顾客定位于年轻职场女性时，消费场景便定为一人独处。于是品牌与广告商塑造出年轻女性独居场景，将女性独居生活刻画得精致细腻，展现出一股文艺清新的小情调，是消费者对社畜生活的逃离，也是对独居独处美好状态的文艺幻想。

RIO 携手周冬雨推出《空巢独饮万岁》广告片，“安静是种奢侈品，特供孤独的人”直戳人心，那种一个人独处时微妙的情绪，喝着 RIO 自由自在、自说自话的闲适感格外容易让人共情。让人们只要想到微醺或者舒适的个人情绪，就会联想到 RIO。

将年轻人独居时孤独与自由并存的状态，和“一人在家微醺”结合起来，告诉受众：一人微醺的快乐，是一人以上无法体会的。用 5 支短篇展现 5 种情境，从不迁就的独食、异想天开发财、看羞于人知的小说、享受孤独等主题引发共鸣。广告发布之后，抖音整体曝光量 8743 万人次，覆盖 6869 万人，微博视频总播放量 3862 万次，KOL（关键新领袖，Key Opinion Leader）总阅读量超过 1 亿人次，转发评论点赞合计超过 28 万次，获得良好传播效果。

【品牌个性】轻松，惬意，文艺，享受，独立，自在

下篇　品牌传情的案例

153 ◎ 第 5 章　万宝路的铁汉柔情
163 ◎ 第 6 章　苹果：改变世界的梦想家
174 ◎ 第 7 章　褚橙的魅力来自何处
179 ◎ 第 8 章　孤胆英雄是华为
188 ◎ 第 9 章　农夫山泉有点甜
195 ◎ 第 10 章　B 站昵称“小破站”
201 ◎ 第 11 章　海底捞：亲人般的服务
207 ◎ 第 12 章　零售旗帜“胖东来”

与用户建立良好关系，不是以卑微之姿摇首乞怜，而是以情感驱动取代产品或服务驱动，让用户与品牌情投意合。要实现这一目标，需要做到以下几点：

①不能靠想象去了解用户，也不要一味告白，先听听用户在想什么，然后站在用户的角度去思索。

②注意语气和措辞，要说“人话”，不要脱离正常范畴使用语言，换句话说，不要使用太过“高大上”的词汇。

③努力用故事而非逻辑，去影响和说服用户。人们总是不厌其烦地打听别人发生的事，为什么不满足他们呢？

④将每个用户视作唯一。研究发现，决定消费者体验感的70% 是他们对自己是否受到特殊对待的感觉。因此记住用户的信息，并给予特别对待，能让消费者的体验感激增。

第5章　万宝路的铁汉柔情

在全球消费者心目当中，万宝路（Marlboro）无疑是知名度最高的香烟品牌。从销售角度，全球平均每分钟就会消费100万支万宝路香烟！无论是否吸烟，万宝路的形象和魅力都令人印象深刻、难以忘怀。

5.1　西部拓荒成就牛仔传奇

1783年独立战争美国获胜，新政府废除了之前英国颁布的向西移民禁令，于是许多东部沿海以及欧洲的移民纷纷越过阿巴拉契亚山脉涌向西部。1862年，林肯政府颁布了《宅地法》，将西进运动推向新高潮。西进人群成分极为复杂，既有南部的奴隶主，也有北部的土地投机商，但主体还是一般贫苦的拓荒者——猎人、矿工、牧民和农民。他们在西部开拓荒地，种植谷物和棉花，或者建立牧场，开掘矿藏。在人类历史上，像西进运动这样大规模、长时间的移民运动比较罕见，它激发并塑造了美国人的拓荒精神，特别是在西进中所体现出的不畏艰难、勇敢开拓、乐观进取、追求独立的美国精神。

西进运动由一个个穿行在高山、峡谷、荒漠的牛仔们的故事开始。牛仔是一群特殊的人，绵延纵深的落基山脉是他们的家园，苍天为被、大地为床，马背上的牛仔是生活在广袤西部的先行者。无论是炽热夏天还是刺骨寒冬，一年中的任何一个季节，带着大毡帽的牛仔们皮肤黝黑，骑马穿行于牛群之间。随着美国的全球影响力上升，牛仔文化通过许多小说、电影以及传奇故事风靡世界，牛仔逐渐成为美国文化的特别代表。

1881年5月26日的《时代》周刊在“牛仔的生活”一文中诗意地写

道："听着山麓轰鸣的狂风暴雨，与狼蛛、蜈蚣和响尾蛇为伴，牛仔缓缓地闭上双眼，幻想着无穷无尽的口嚼烟草和甜蜜的梦乡。"长达半个世纪的时间，美国的通俗读物塑造了一个个浪迹天涯、疾恶如仇的牛仔形象，吸引了大批都市工薪阶层的读者，满足了他们对自由生活和男性气概的憧憬。

经过文艺作品的浪漫化渲染，西部牛仔的英勇侠义和狂放不羁，满足了城市化进程中美国民众对边疆的怀旧式想象。西部大开发让荒原逐渐消逝，标志着美国城市化转型的开始。都市生活要求的规整高效，资本投机带来的物欲堕落，让人们更加怀念传统的农耕生活：艰苦粗粝的拓荒演变成美好的回忆，因物质匮乏而采取的将就措施也成了让人怀念的质朴生活。

呼应民众对城市文化和工业文明的普遍反感，西部牛仔开始活跃于文艺作品之中，成为风靡全美的民间英雄。虽然牛仔只是美国西部开发史上一个短期的职业现象，但其象征的那种质朴自由恰恰为现代人所欠缺。

5.2 文艺作品助推牛仔神话

得益于内战后的文化普及率、技术革新和印刷业的兴起，人们从繁重的劳役中得到喘息，阅读消遣成了生活的一部分。在弥漫全美的怀旧情绪的影响下，畅销读物里的牛仔英雄成为民众心目中的偶像。廉价小说速产速销地炮制了大批牛仔的传奇故事，最具代表性的就是所谓的"一角钱小说"，其作者来自美国社会的各行各业，有医生、律师、教师和记者等，针对教育水准较低的阅读人群，以煽情手法和雷同情节把牛仔描绘成捍卫正义的英雄。评论家考克斯·兰道夫认为："一角钱小说"的社会历史意义大于其文学价值，映射了西部神话的构建发展及文化商品的营销策略。在东部报刊的连载故事里，身手敏捷的牛仔是大自然的骄子，主宰着远离文明的边疆化外之地。

兼具英雄主义和浪漫主义的牛仔形象，通过民间演绎深入人心：他英俊潇洒又坚强粗犷，戴着宽沿高顶毡帽，身穿牛仔裤和皮衣，腰挎左轮手枪，足蹬带有刺马钉的高筒皮靴，骑着马在草原上风驰电掣。他是来去无踪的侠客，也是惩恶扬善的义士，还是名震四方的赏金猎人。他和风尘女郎的故事是广为传诵的浪漫佳话，跟歹徒的决斗是让人津津乐道的硬汉传说。

美国文学作品中的牛仔人物勇于冒险又乐观向上，体现了人们所珍视的英雄主义和边疆精神。欧文·威斯特的《弗吉尼亚人》刻画了牛仔的浪漫爱情和英勇行为，安迪·亚当斯的《一个牛仔的日记》纪实性地描写了长途贩运的艰辛，杰克·谢弗的《沙恩》讲述牛仔挺身捍卫社会道义，等等。在这些雄性十足的文学作品中，牛仔是开拓疆界的勇士，是荒原的骑士，也是维护正义的斗士。

策马扬鞭的牛仔英雄迅速成为艺术家们钟爱的主题，画家弗雷德里克·雷明顿把牛仔的真实生活和浪漫演绎完美地结合在画布上；在蒙大拿牧场工作了 13 年的查尔斯·罗素在纽约和伦敦开办画展，生动细腻地勾勒出西部牛仔的矫健身姿。

1883 年，外号为“水牛比尔”的牛仔威廉姆·考蒂成立了演出剧团《狂野西部》，海报宣称演出将给东海岸的美国观众带来“活生生的边疆生活”“真实的印第安人、牛仔和墨西哥人”“全美最厉害的神枪手”和“一流的骑手”。演出以西部绵延的山脉和大草原为舞美背景，成百上千的骏马和水牛在奔跑，白人牛仔和印第安人激烈交火，女神枪手安妮·奥克莱弹无虚发，群众演员多达 200 余名。

《狂野西部》在全美巡回演出几十年，深受观众喜爱，它渲染了白人英雄征服蛮荒的“文明”行为。当《狂野西部》来到欧洲，伦敦、巴黎、罗马和巴塞罗那的观众也为美国牛仔倾倒。随着好莱坞的兴起，银幕上鲜活的西部牛仔迅速超越文化和国别界限，吸引了全世界的观众。

1903 年，默片[①]《火车大劫案》里巡警纵马追逐劫匪和荒野丛林的枪战激起了观众的热烈反响，奠定了西部片的叙事经典和意象模式。电影学者约翰·列南指出，西部片把美国历史上短暂的牛仔职业“美化为一种担当社会责任的个人主义……银幕上传奇的男性英雄极大地满足了观众的代入式体验”。

① 编者注：默片也称无声电影、默剧，指没有配音、配乐或与画面协调的声音的电影。

1939 年大导演约翰・福特执导的《关山飞渡》是西部片的经典之作，开创了西部片的新风格。影星约翰・韦恩塑造了一个经典的牛仔英雄林戈，他英俊潇洒又桀骜不驯，护送驿车穿越新墨西哥州的蛮荒之地。银幕上无垠的荒漠、高耸的岩石、偏僻的小镇酒馆、奔腾的骏马和大篷车全方位呈现了奇峻的西部风光。

1948 年霍华德・霍克斯执导的《红河》勾勒出一幅史诗般的宏伟图景：夕阳西下，荒漠边缘的一轮红日即将没入地平线，牛仔们在滚滚烟尘中挥舞套索赶拢长角牛群；夜晚篝火旁，牛仔们吟唱着儿时记忆中的教堂礼拜乐曲，忧伤的旋律弥漫在天地间。银幕上的牛仔英雄洒脱又正直，他们骑马穿梭在雄奇的峡谷巨川里，上演了一幕幕惩奸除恶的传奇，谱写了一段又一段侠骨柔情的佳话。

5.3 传奇总统力倡牛仔精神

美国第二十六任总统西奥多・罗斯福（1858—1919），人称老罗斯福，美国军事家、政治家、外交家。他虽是一名毕业于哈佛大学的东部精英，但被牛仔的阳刚气质深深吸引，一生都书写着浓厚的“西部情结”。

罗斯福年幼多病，患有哮喘，父亲鼓励他强健体魄，他逐渐爱上户外活动，对动物学尤其感兴趣。1876 年，罗斯福进入哈佛大学学习。父亲 1878 年去世后，罗斯福更努力地追求进步，养成了阅读习惯。他记忆力惊人，并且非常健谈。在哈佛学习期间，他是俱乐部的活跃分子，热衷于各类体育活动。毕业时，医生告诫他心脏有问题，应该找个清闲舒适的工作，但他仍然热衷于剧烈运动。

1884 年，热衷狩猎和探险的罗斯福在北达科他州购买了一个牧场，学会了骑马牧牛等牛仔技能。他闲暇时参加拳击赛，还曾担任代理警长，追捕盗窃犯。在此期间，罗斯福撰写了《牛仔的打猎之旅》与《牧场生活和猎道》两本书。1886 年到 1887 年，牧场的牲口因严寒的冬季而灭绝，他被迫返回美国东部。

罗斯福深信，强健的体魄和积极进取的意志能够带领美利坚民族走向世界。1895 年，他出任纽约市警察总局局长。当年的纽约警界非常腐败，在任职两年期间，罗斯福采取了大刀阔斧的变革措施：定期巡查消防设施；对警员进行年度体能检测；新警员招聘严格依据体能和智力标准而非政治关系；招收少数民族警员和妇女警员；关闭导致腐败的、警方运营的商业设施；在所有的分局安装电话；等等。

1895 年 4 月，隶属西班牙殖民地的古巴发起反抗残酷统治的运动，西班牙军方予以血腥镇压。美国国会通过了同情古巴的决议，并授权总统可以支援古巴。罗斯福随即辞去海军部的文职，组建了一个包括西部牛仔老朋友和东部常青藤老校友的志愿兵团，号称美国第一志愿骑兵旅，佩中校军衔，以民间身份加入战争。虽然号称骑兵，但是罗斯福是该部队中唯一有马可骑的人。在 1897 年古巴境内的两场战斗中，志愿兵团取得显赫战绩，罗斯福成为民族英雄。1898 年，美西战争爆发，美国大胜后获得古巴的统治权。

图 5-1　美国第二十六任总统西奥多·罗斯福

从古巴归来后，罗斯福再度进入政界，1898 年当选为纽约州州长。1900 年大选，共和党推举他做麦金莱的副总统候选人，麦金莱赢得了大选后，罗斯福担任副总统。1901 年 9 月麦金莱总统遇刺身亡后，罗斯福补位登上总统宝座，成为美国历史上最年轻的总统。

担任总统后，罗斯福看到了托拉斯给经济社会带来的严重弊端。针对当时各种垄断组织日益发展、中小企业不断破产、民众生活水平节节下降的现状，他拿出了牛仔强悍的劲头，向托拉斯巨头们挥下了“大棒”。在1901年12月4日提交给国会的咨文中，罗斯福提出了反托拉斯政策，并要求国会立法，适当限制托拉斯财团的经营活动。

他最著名的反托拉斯行动，就是对北方证券公司发起诉讼，因为其垄断了包括北大西洋铁路公司、昆西铁路、芝加哥铁路在内的巨量铁路运输，最高法院最终以5：4裁定该公司违反了《谢尔曼反托拉斯法》。之后他再接再厉，先后起诉40余家公司，解散了牛肉托拉斯、石油托拉斯和烟草托拉斯等。罗斯福由此获得了“托拉斯爆破手”的美名。

在总统任期内，罗斯福建立资源保护政策，保护了森林、矿物、石油等资源；建立公平交易法案，推动劳工与资本家和解。对外奉行门罗主义，实行扩张政策，建设强大军队，干涉美洲事务。因成功调停了日俄战争，他获得1906年的诺贝尔和平奖，是第一个获此奖项的美国人。

罗斯福卸任总统之后，于1909年3月前往非洲探险。此次旅程由史密森尼学会和美国国家地理学会提供赞助，引起世界媒体的关注。他们捕获了11397种动物，小到昆虫，大到河马和大象。其中512次属于狩猎，262种动物被食用。他们甚至捕捉了珍贵的白犀。大量动物被制成标本后运往华盛顿。标本数量之大，仅是装货就用了一年时间。罗斯福自嘲道：“国家博物馆、美国自然历史博物馆和类似的动物研究机构的存在性可以被谴责的话，我才可受谴责。”他对这次科学考察非常兴奋，撰写了详细的日志。

1912年10月24日，在威斯康星州的一次助选活动中，罗斯福被人枪击，子弹击穿他的演讲稿进入他的身体。罗斯福拒绝立即入院治疗，坚持完成了90分钟的强力演说。他对听众说：“刚才我挨了一枪，但是这不够杀死一头公鹿。”后面医生诊断认为，枪伤严重，但是取出子弹会导致更大的危险。罗斯福就一直携带这颗子弹，直到去世。

1913年，罗斯福又一次探险，此次目的地是亚马逊热带雨林，并将探险经历写成了一本畅销书《穿越巴西野林》。这次探险的资助机构是美国自然历史博物馆，罗斯福答应提供新发现动物的标本。抵达南美洲后，探险队增加了一个更具进取心的目标：探索困惑河的源头。这条河后来被命名为罗斯福河，以纪念他的壮举。

在顺着河流探险途中，罗斯福因腿部受轻伤感染了疟疾，持续发烧。他担心自己拖累探险行程，曾要求独自留下。但他的儿子坚持带他前行，队医也对他悉心照料，终于将他从死亡的边缘救回。返回纽约后，罗斯福给朋友的信中写道：这场大病至少让他减寿 10 年。在余生中，他经常因为疟疾和腿伤未愈而住院治疗。

身体基本康复后，罗斯福前往华盛顿特区为此次河流探源答辩，因为有专业人士怀疑考察结果。他的学术报告平息了争议，罗斯福河的命名得到了国际认可后，他便胜利返乡。

1914 年“一战”爆发后，罗斯福竭力支持英法联盟，认为他们是在捍卫人类文明。他主张对德国采取严厉措施，报复其潜艇袭击。1917 年美国参战后，罗斯福又自告奋勇要组织一个志愿步兵营，但被威尔逊回绝。

他还是童子军活动的积极推动者，美国童子军总会授予他“首席童子军公民”称号，他也是唯一获此头衔者。1919 年 1 月 6 日，罗斯福在居所内平静地离世，享年 61 岁。收到他去世的消息后，他的儿子亚齐给亲友们发电报说：“老狮子去世了。”

任职总统期间的多次公众演讲中，罗斯福常常以牛仔自居，大力推行扩张政策，鼓励年轻人勇于面对挑战。在 1913 年出版的《西奥多·罗斯福自传》（*THEODORE ROOSEVELT*）里，罗斯福深情地写道：“西部塑造了我的一切。”

5.4 旧万宝路困于女性定位

万宝路（Marlboro）品牌 1854 年从一家小店起步，1908 年正式注册商标。“Marlboro” 其实是“Man Always Remember Love Because of Romantic Occasion”的缩写，意为“男人只因浪漫而牢记

爱情”，到 1919 年才成立菲利普·莫里斯公司。

20 世纪 20 年代是美国“迷惘的时代”，经过第一次世界大战的冲击，许多青年都自认受到了战争伤害，认为只有拼命享乐才能冲淡这一创伤。他们或沉迷在爵士乐中尖声大叫，或在吞云吐雾之中麻醉自己。无论男女，嘴上都会非常优雅地叼着一支香烟。妇女们非常在意自己的红唇，她们精心化妆，与一个又一个男人“伤心欲绝”地谈恋爱。她们挑剔衣饰颜色，感慨红颜易老、时光匆匆，于是“万宝路”应运而生并将广告口号定为“像五月的天气一样温和”，目标是成为女性烟民的“红颜知己”。

20 世纪 30 年代，万宝路艰难度过了经济危机的“大萧条岁月”，但市场占有率很不理想，在行业里一直默默无闻。20 世纪 50 年代，《读者文摘》刊登多篇文章，指出肺癌与吸烟有关，多家烟厂开始推出有滤嘴的香烟，承诺可以减少尼古丁对吸烟者健康的伤害。万宝路于 1955 年推出带过滤嘴的香烟，女士们抱怨白色烟嘴会染上她们鲜艳的口红，于是莫里斯公司把烟嘴换成红色，可是这一切都未改善万宝路的命运。

万宝路之前的定位是女士香烟，虽然明确了目标顾客、设定了品牌个性，但问题在于女性对烟的嗜好远不及对服装的热情，而且爱美之心让女性担心过度抽烟会使牙齿变黄、面色受到影响，在抽烟时较男性更节制。加之一旦她们变成贤妻良母后，并不鼓励自己的女儿抽烟！莫里斯的广告词“像五月的天气一样温和”显得过于文雅，是对女性气质的附和，广大男性烟民就对其望而却步。由此，万宝路的命运日趋黯淡，一直苦苦挣扎于存亡边缘。

5.5 传奇大师贡献神来之笔

一筹莫展之际，1954 年莫里斯公司找到了当时著名的营销策划人李奥·贝纳（1891—1971），委托他设法打开市场。

对香烟市场进行深入的分析和深思熟虑之后，李奥·贝纳大胆地对万宝路实施了“变性手术”，向莫里斯公司提出：将万宝路香烟定位改变为男子汉香烟，变淡烟为重口味香烟，增加香味含量，并大胆改造万宝路形象。产品品质不变，包装采用当时首创的平开盒盖技术，并以象征力量的红色作为外盒的主要色彩。将名称的标准字“Marlboro”尖角化，使之更富有男性的刚强。这样，万宝路香烟广告不再以妇女为主要诉求对象，广告中一再强调万宝路香烟的男子汉气概，以浑身散发粗犷、豪迈、英雄气概的男性为品牌形象，吸引所有喜爱、欣赏和追求这种气质的消费者。

至于广告的男主角，最初也想选用马车夫、潜水员等，但这个理想的男子汉最后还是集中到西部牛仔这个形象上：一个目光深沉、皮肤粗糙、浑身散发着阳刚之气的硬汉，在广告中高高卷起袖管，露出多毛的手臂，指间总是夹着一支冉冉冒烟的万宝路香烟。这种洗尽女人脂粉味的广告 1954 年问世，1955 年“万宝路”销量即提高 3 倍，一跃成为全美第十大香烟品牌，到 1968 年其市场占有率攀升至全美第二位，给莫里斯公司带来巨额利润。

这是迄今为止最成功和伟大的营销创意，由于经过美国文学和影视作品的大量铺垫，牛仔的阳刚外形及冒险精神早已深入人心，加上李奥・贝纳天才般的大胆策划，借力牛仔原有的正面联想，将这一光彩夺目的形象为万宝路所用，彻底改变了莫里斯公司的命运。

图 5-2　万宝路广告的主角永远都是牛仔

万宝路让同质化的香烟与众不同，秘诀就在于为品牌注入了豪迈阳刚的牛仔形象，从而赋予万宝路香烟阳刚、粗犷、成熟、豪迈等多种品牌个性，与开拓进取、勇于冒险的美国文化相关联，自然而然联想到一望无际的草原或大漠，危机四伏的环境，忽明忽暗的篝火，豪情万丈的骑手，从而赋予产品以沧桑、勇敢、激情、豪迈的品牌精神，给顾客带来一种附加于实体商品之外的精神价值。

与李维斯不同，从历史现实来看万宝路与牛仔并无联系。但通过长期而持久的广告活动，万宝路成功与牛仔形象绑定，并且成为人们购买万宝路的真正动机。在万宝路香烟的广告和海报中，为了达到逼真的效果，都是起用地地道道的美国西部牛仔，而非专业模特，代表自由、粗犷的牛仔，与激昂的配乐完美配合。当前，万宝路已经占据全球市场四成以上，成为名副其实的领军品牌。

【品牌个性】强壮，勇敢，粗犷，豪迈，独立

第 6 章　苹果：改变世界的梦想家

1976 年愚人节那天，史蒂夫·乔布斯（1955—2011）、沃兹尼亚克以及龙·韦恩三人合伙成立苹果公司，推出世界上第一台个人电脑“苹果Ⅰ号”。但最初苹果电脑的生意冷清，毕竟它是一个全新的产品。1976 年 7 月，零售商保罗·特雷尔冒险订购 50 台整机，但要求一个月内交货。由于时间仓促、任务繁重，乔布斯和沃兹尼亚克冒着酷暑，夜以继日地赶工，每周工作 66 小时，终于在第 29 天奇迹般地完成了任务，50 台苹果电脑准时交货。

6.1　跌宕起伏的发展之路

1977 年 4 月，“苹果Ⅱ号”样机在第一届美国计算机展览会上一炮打响，它以小巧轻便、操作简便和可以安放在家中使用等鲜明特点，俘获了大量观众的心。“苹果Ⅱ号”只有 12 磅重，仅用 10 只螺钉组装而成，塑胶外壳美观大方，看上去就像一部漂亮的打字机。这部小机器竟能在大荧光屏上连续显示出壮观的、如同万花筒般的各种色彩。“苹果Ⅱ号”在展览会上一鸣惊人，几千名用户拥向展台，观摩、惊叹以及试用，订单纷纷而来。

1980 年 12 月 12 日，苹果公司股票公开上市，在不到一小时内，460 万股被抢购一空，当日以每股 29 美元收市。按此价计算，苹果公司高层诞生了 4 位亿万富翁和 40 位以上的百万富翁。1984 年 1 月，苹果发布了全新的“麦金托什”（Macintosh）电脑，这是世界上第一台采用图形用户界面的个人电脑，与当时采用 DOS 命令行纯文本用户界面的 IBM PC

形成了鲜明对照，引发了一场个人计算机的革命。

然而好景不长，其后苹果公司进入低迷期，新开发的电脑销售惨淡，乔布斯被迫于1985年9月17日辞去公司董事长职务。1996年，乔布斯因苹果收购了他创办的Next而再次回到苹果，并于次年成为苹果CEO。1998年5月，苹果推出了个人电脑iMac，这款绚丽多彩的电脑集收发电子邮件和网上冲浪于一体，上市45天就售出了30万台；iMac G3发布后两年内销量达到200万台，成为最畅销个人电脑。《财富》杂志1998年11月撰文称，iMac的成功使苹果重新焕发生机。

2001年1月，苹果推出了组织和移动音乐文件的软件——iTunes。当人们需要带着音乐跑步或外出时，必须有一台独立于电脑的播放器。经过9个月的研发，iPod于2001年11月23日正式面世。iPod浑身散发着时尚气息，可以任意滚读，让用户迅速在几千首歌曲里面找到要听的歌曲。为了表现iPod的卓尔不凡，白色耳机成为iPod一种醒目标志。iPod面世仅一年半，不断壮大的白色耳机一族就接近100万人，演变成为一种潮流文化。iPod与苹果iTunes音乐商店相得益彰，开创了数字音乐消费的新格局。2007年4月，iPod播放器全球累计销售突破1亿台，而同年7月苹果宣布iTunes网上商店已经售出30亿首歌曲，成为美国第五大音乐零售商，并再接再厉向数字电影领域进军。

2007年1月，苹果又发布了iPhone智能手机，该产品一经面世就在全球各地供不应求，掀起一阵阵抢购热潮，以世界手机市场5%的份额获得利润的39%，目前iPhone销量已超过20亿部，总活跃用户已超10亿。

2010年4月，苹果再次发布了平板电脑iPad。同年4月3日在洛杉矶开卖前两小时，苹果专卖店门前就排出了百米长龙，很多顾客甚至前一天晚上就开始站队。当天，iPad卖出30万台，上市后的第一个季度销量达730万部。其后，在英国科技杂志《T3》评出的2010年度百款最火科技产品中，刚登场的iPad名列榜首。甚至有人预言，iPad上市意味着“后PC时代”的到来。2011年3月，苹果推出iPad2，提高了处理速度，并增加了后背摄像头，使用户可进行视频聊天活动。据美国彭博新闻社报道，在《财富》100强企业中，超过65%正试用或计划部署iPad产品。

图 6–1　苹果品牌的平面广告

6.2　张扬理想的经营观念

苹果硬件产品包括 Mac 电脑系列、iPod 媒体播放器、iPhone 智能手机和 iPad 平板电脑。2018 年 8 月 2 日苹果市值突破万亿美元大关，2020 年 8 月 19 日又成为全球首家市值突破 2 万亿美元的公司，2023 年 4 月保持在 2.6 万亿美元左右。在 Interbrand 官网上发布的 20 年来显著增长的全球最佳品牌中，苹果位列第一。苹果拥有线下零售店和线上苹果商店及 iTunes 等为其出售商品。苹果的目标客群分布广，几乎囊括全部年龄段，其中最为狂热且忠诚的应该是科技发烧友。作为一家科技公司，苹果在手机、平板、手表上采用的技术都是世界最先进的，而且配套其独特的系统更是提高了品牌价值。为什么人们愿意花高价去购买苹果产品，尤其是苹果手机呢？其主要原因就在于品牌价值。

在苹果的管理者看来，消费电子产业只重视技术的做法是误入歧途。从 1998 年的 iMac，到 2001 年的 iPod，再到 iPad、iPhone，当产品可以唤起消费者情感时，它便驱动了需求，这比任何一种差异化策略更有力量。乔布斯善于在变化的市场中发现机会，借助一个个让人耳目一新的产品设计冲击用户的心理防线，将苹果品牌塑造为时尚与品位的代表。乔布斯的一个重要工作就是聚焦产品，他称之为“苹果的地心引力”。他的激情所在是打造一家可以传世的公司，这家公司里的人要动力十足地创造伟大的产品，其他一切都是第二位的。“苹果Ⅱ号”以它的轻灵、简约和优雅，形成了与以黑铁为沉重主色调的庞然大物的现代机器的巨大反差。从外部来看，乔布斯认为“情感的经济”将取代“理性的经济”，基于硅芯片上的技术运算制胜时代已经过去，取而代之的是“与消费者产生情感共鸣”和“制造让顾客难忘的体验”。苹果公司有一个明确的口号——Switch（变革），遵循不断变革、不断创新的品牌文化，始终把技术创新和注重消费者放在首位，才能保持公司长久旺盛的生命力。

“苹果”两个字让全球的消费者痴迷，并逐步演变为时尚文化的一部分。有这样强势的品牌文化和这样忠诚的消费者，苹果成为全球市值最高的科技公司就显得不足为奇了。苹果改变了传统手机的工具性形象，通过“简约”“唯美”的概念向世人突出其科技型产品中艺术性的一面。在苹果的产品理念中，数码产品更是一件艺术品、一种文化、一种生活方式。同时，苹果注重“制造让顾客难忘的体验”，关注顾客的情感诉求，倡导以创新的形象和技术引领时尚科技的发展；注重心理认知定位，即高科技智能产品领导者，改变固有模式创造需求，同时赋予地位、名誉等更多附加意义；注重使用者定位，即追求潮流时尚、个性张扬的年轻人，其中也包括阶层、收入相对较高的白领和商务人士，他们愿意并有能力购买苹果产品，且愿意支付高价。

苹果的电子产品，无论是从外观，还是从感觉和触觉，都是体验型产品中的精品，它们的设计、造型、色彩和材质都能够带给消费者非同寻常的使用体验和情感触动，并激发消费者对于创新的深层次思考，从外观到内心征服了消费者。在客户体验方面，苹果更是通过新颖的方式把它做到了极致。苹果的产品改变了人们的消费行为，定义了人们的生活、娱乐和工作行为，甚至影响了消费群的价值观念。

6.3 重视体验的销售策略

苹果公司卓越的销售策略是其成功的原因之一。

其一，开展特色营销。苹果公司在营销过程中很擅长营造神秘感，因此有人称之为“神秘营销”。苹果公司由于产品的独创性和对保密性的要求，研发过程始终保持高度的警惕，甚至很多内部工作人员在产品面世前也无法看到真机。随着市场对苹果产品的热捧，媒体和消费者也都开始关注苹果的新动向和研发进度。以 iPhone 最为突出，在苹果开始开发新一代手机产品时，会先透露了一些消息，但是对于手机的具体功能、技术上的创新之处、与其他手机的差异等信息一概不提。这激发了媒体和消费者的好奇心，多个预测和小道消息的流传为 iPhone 做足了广告，苹果用极少的营销投入就达到了极好的广告效果。

其二，发布会是苹果向外打广告的重要手段。苹果公司在发布会上发布的新产品总是能够吸引全球各地的消费者观看，同时每次产品发布会现场的布置都一贯坚持极简风格，发布会现场的整体色调是充满神秘感和未来感的黑灰色。黑色背景色、白色数字和文字，极简的内容展示，用最简单、最精确的方式来诠释产品的性能、参数、设计，其余的一切都通过宣讲者来传达。良好的产品质量是获得消费者信任和建立品牌形象的基础，而苹果公司的产品质量可以说是做到了行业标杆的水平。苹果对产品生产的各个环节都制定了十分严格的质量标准。

其三，苹果公司具有敢为天下先的创新精神。苹果一直都是创新和创意的代名词，从 iPhone 到 iPod、iPad，苹果每推出一款创新产品，都会颠覆整个行业并改变人们的生活。尤其是第一代 iPhone 革命性地摒弃了传统的按键操作，突破性地使用了全屏多点触控，重新定义了智能手机，开创了新时代。

其四，苹果塑造了独特的品牌文化。品牌文化是品牌在经营中逐步形成的文化积淀，代表了企业和消费者的利益认知、情感归属、文化价值观，是品牌与传统文化以及企业个性形象的总和。独特的企业文化亦是苹果的核心价值与竞争力所在。乔布斯回归苹果公司后，首先就是重新树立起苹果创新式的企业文化，他把苹果文化定位为品牌行销起点，花费了上亿美元打造了“Think Different”的广告语。广告上只出现苹果的商标和“Think Different”品牌文化标语，而没有其他任何产品促销或说明。

这条广告语除了能唤醒员工的工作激情之外，更重要的就是能让消费者重新认识苹果公司。“永远追求卓越，不断超越自我，不断进取和创新”就是苹果公司所建立起来的与众不同的品牌文化。“Think Different”这种价值观对内形成追求完美、永不停止的创新文化，对外又为苹果赢得了时尚与高端的品牌形象。“Think Different”独特的广告宣传方式，不仅让消费者深刻地记住苹果，同时也鞭策苹果不断地进行创新，使科技与创新精神融为一体并成为苹果的核心价值与竞争优势。

iPod设计师乔纳森·艾维（Jonathan Ive）曾说：“产品必须具备能释放人们潜在情感的东西，才能备受欢迎。”基于这种理念，苹果的产品设计往往包含了情感的因素，例如“软糖”和“五味”iMac G3，五彩缤纷的iPod nano和shuffle。有工业设计专家们指出，即使是苹果的经典白色，也象征着放松、干净、自由、享受、私密、贴近等美妙感受。苹果的广告是其传递情感体验的主要方式，iPod产品曾经发布过一系列剪影广告，广告以鲜绿或魅紫的时尚色彩为背景，黑色剪影人物随着动感音乐忘情舞动，画面视觉中心永远不变的是白色的iPod。广告采用的音乐具有很强的感染力和煽动性，与跃动的剪影一起牵引着人的耳朵与眼球，使人情不自禁沉浸其中，与广告中的人一同沉迷忘我。

苹果产品的工业设计，以人性化和时代审美观为着眼点。现代感极强的流线型外观、流畅简约的设计风格、透着温柔又酷到极致的冷色调，同时又不失温暖、亲切和人情味，带给消费者视觉、听觉和触觉上焕然一新的全方位体验。感官体验的实现与苹果的产品设计密不可分，但这并不是全部。以电子触摸屏为例，在技术上，电子产品厂商间各有千秋，难分伯仲，但对于触点的研究，苹果搜集了上万的样本，用以判断多大的面积是最舒服、最好操作的。再如，打开一个程序时，画面弹出的位置是根据人眼习惯的视觉方向设计的。这些数据的搜集和研究都不是创造出来的，而需要去持续关注和不断积累，需要耗费大量的人力和物力，但实践证明这是完全值得的。

如今，苹果的各类消费电子产品和服务已涵盖手机、计算机、平板电脑、数字音乐播放器和数字媒体发行等业务领域。独特的品牌文化在苹果走向成功的道路上发挥了灵魂作用。从内部来看，根据美国某调研公司的数据，在美国 9 家最著名的高科技公司中，虽然苹果公司员工的薪酬中位数最低（2021 年为6.8万美元，而同期谷歌和Facebook接近30万美元），但苹果员工的满意度却名列前茅。由此可见，苹果独特的品牌和企业文化在这里发挥了作用，拥有这样一群高智慧并且高满意度的员工，苹果怎么能不在竞争中无往不胜呢？

苹果善于利用梦幻般的体验店来塑造形象。苹果在全球开设了 300 家时尚、科技和前卫的体验店，成为消费者拜访、传播的热点，一个季度中访问苹果 326 个门店的顾客人数就超过 6000 万。苹果店面拥有宽敞清新的空间和优美流畅的光线，展现出轻松随意的氛围，让消费者徜徉其间，直接感知产品特色。体验店成为品牌与顾客交流意见的场所，体验新产品的梦幻之地。在这里，无论其产品购买于何地，客服人员都会为消费者免费提供服务，不仅会解决与苹果无关的软件问题，还会帮用户完成与技术支持无关的要求。这种独特的服务会使消费者产生独一无二、被关心、归属感等积极的情绪体验。

除魅力非凡的体验营销之外，苹果还借助朝圣般的发布仪式，给潜在顾客创造一种高尚、圣洁的心理体验。苹果有意识地对市场供应进行控制，使市场处于某种相对的“饥饿”状态，这往往会造成排队购买或者预约购买的行为，形成一场投入情感的重大仪式。这些策略不仅强化了消费者对于苹果产品的崇拜心理，维系了消费群与苹果品牌的联系，而且强化了他们对自己“苹果教徒”身份的自豪感，巩固了忠诚消费群。苹果产品也成为苹果价值观的载体，即使抹去那个著名的 Logo，人们也能一眼看出那是苹果，拥有苹果的人愿意和它一起特立独行。苹果已经用精神和价值观号召和统领了消费者，其他品牌靠向消费者灌输，而苹果是靠吸引。

6.4　卓尔不凡的广告格调

苹果在 1984 年“麦金托什”（Macintosh）上市前推出的重磅广告非常能表达苹果的品牌精神，广告的名字叫“1984”，是以英国政治讽刺作家乔治·奥威尔的著名小说《1984》为背景来制作的。小说主人公在虚幻中的1984年生活在一个集权专制国家，这个世界被“大哥”严密控制，如果稍有触犯，就会遭受饥饿、折磨、毒打和精神教育。苹果广告就表现了一个白衫红裤的年轻女孩要冲破令人窒息的旧秩序，将手中的铁锤掷向屏幕，充满了叛逆的激情。广告表达了苹果的理念和目标，让人民而非政府或大公司掌握操纵技术，让计算机变得普通人可及而非控制人的生活。

这个60秒长的广告仅在1984年1月22日美国超级杯橄榄球大赛的电视转播中播放了一次，却造成了空前的轰动，美国的三大电视网和将近50个地方电视台都在超级杯后报道重放了“1984”，还有上百家报刊评论“1984”的现象和影响，这些都为苹果公司和Macintosh做了免费广告并赢得了评论家经久不息的掌声。

1997年乔布斯回归，苹果公司百废待兴，发布了一组广告“Think Different”和视频广告“致疯狂的人”，让苹果品牌的形象耳目一新，帮助苹果公司回到大众的视线。2011年至今的后乔布斯时代，苹果在新任首席执行官提姆·库克的带领下，在保持原有品牌文化的基础上，增加了更多人文情感，拉近了和用户的距离，树立起平易近人的品牌形象。

一部好的广告甚至是电影，能把画面、配乐、节奏三者联系得恰到好处是具有挑战性的，而苹果手机的电影感广告重视转场，主要包括遮罩、相似运动、相似元素、穿梭等一系列复杂转场的合理运用。画面文字设计、文字与画面的互动、与现实元素的结合都特别简洁且合适。配乐的合理运用，以及节奏与画面的转换恰到好处，并把想介绍的新升级和新功能都一览无余地展现在其中，搭配电影感体现一种高级感。当然，广告只是一个加分项，真正促成苹果品牌成功的还是其在品牌定位、销售手段、创新科技上面的付出。作为全球市值第一的科技巨头，其广告自然也不会差，只会成为其品牌的加分项，提升其品牌的魅力，通过展示产品的各项功能和创新，吸引消费者购买。但苹果并不狂妄自大，而是继续建设品牌形象，服务顾客，创造出更多更人性化且极具科技感的产品。

6.5　创意十足的广告作品

苹果广告一：三分钟

2018 年，导演陈可辛应邀使用 iPhone X 拍摄了一部名为《三分钟》的温情感人短片。短片讲述了一位列车员母亲（孔令美饰演）过年期间在列车上值班，无法与孩子团聚，仅借列车靠站的三分钟与儿子相聚的故事。没想到，儿子见到妈妈的第一眼竟背起了乘法口诀，原因是小姨之前对儿子说，如果不会背诵口诀表，就无法上镇子里的小学，也就见不到妈妈。

该片将短暂团圆和职业特性浓缩在了这短短的三分钟里，用屏幕上方的三分钟倒计时和孩子背诵的乘法口诀碰撞出一种紧凑感，激发了观众对故事主人公职业和亲情之间矛盾冲突的认知和理解。出发与抵达，离别与流连，都浓缩在这短短的三分钟里；热闹与清寂，小我与大爱，都印刻在这短短的三分钟里。远行游子回家的热望与渴盼，春运服务者的坚守与奉献，在火车与站台的连接中，辉映出流动中国的别样图景。站台相聚的三分钟，以散文诗般的笔触，抒写着国人的家国情怀。

短片拍摄的背景是春运，人们在站台上满怀喜悦地拥抱，这支广告也是专门选在春运第一天发布，借助新春佳节亲人团聚的情感来打动受众。

苹果主打出色的产品设计、开创性的创新理念、优秀的用户体验，其目标顾客群体主要是喜欢时尚、简约、高体验感的年轻人、白领等。苹果发布的这则广告不只表达了中国人含蓄的情感，影片中“用 iPhone X 拍摄”，告诉顾客可以不用专业的设备，只用苹果的产品就能拍出情感丰富、画质高清的视频。此外，苹果的这支广告不同于其时尚的风格，针对中国市场推出温情的故事性广告，也是在传达其温情的一面，通过本土化的营销来打动顾客的心。

该广告依托热点体现品牌价值，用故事诠释品牌感染力，抓住了人性中温情的一面，通过场景化的故事表达，在中国引起了较好的反响。这支广告的成功也再次证明，在今天这个信息爆炸的时代，只有回归人性本

图 6-2　苹果广告作品《三分钟》

身，回归到具体的场景之中，用走心的方式浸入品牌价值，才能够激发和获得用户的关注和好评。人们喜欢的是用真心换真心，因此品牌想要走入顾客的心里，也应该用真心去对待顾客，才能更好地获得顾客的喜爱。

导演陈可辛本身的知名度为此次广告打下一个很好的基础，虽说这是一则关于手机的广告，但我们在视频里面却没有看到 iPhone X 的身影，不像有些手机广告直截了当地去介绍产品的像素、处理器等物理特性，苹果这则广告对此只字不提。

全片的文字部分只出现了两句："团圆的每一刻，你都可以留住"以及"看陈可辛创作感悟，用 iPhone X 拍出你家的春节故事"。第一句文案看似简单，却蕴涵了丰富的情感价值，即对于团圆这种中国人十分重视的活动的珍惜，以及对美好事物的向往；并且也体现了乔布斯曾经的一种理念——站在科技和人文的十字路口。

苹果广告二：误解

2013 年圣诞节苹果投放的 iPhone 广告，讲述了一个家庭在圣诞节团聚，而一个少年一直在低头玩手机，对身边的家人毫不在意。晚上，大家围坐起来看电视，少年却突然将电视关机，气氛尴尬到了极点。突然，电视又亮了，播放的是他制作的一个家庭小短片。原来他一直在用手机记录亲人们的点点滴滴，他用内敛又诚挚的行为，表达着对家人的爱。看着电视机里的画面，妈妈眼里闪烁着泪光，大家幸福地相拥在一起。

广告《误解》获得了第 66 届艾美奖最佳广告奖。当情感与沟通成为现代社会的共同焦虑，苹果这张“情感牌”击中了人们的内心。广告通过一个温馨的家庭故事，给冰冷的智能设备赋予了温情，苹果试图通过这则广告片表达人们对手机也存在着一种“误解”，认为它使现代社会人们之间缺乏交流，但换个角度想想，手机也拥有跨越地域、拉近人与人之间距离的作用。

广告首先将手机强大的记录、编辑、分享功能传达给观众：用户可以使用 iPhone 随时随地记录生活点滴，并使用 iMovie 对视频进行剪辑，最后通过 AirPlay 分享给其他人，显示出苹果软硬件的强大和易用性。当时鲜有手机厂商能做出面向广大普通用户群体的简单易用的自制视频软件，所以极大地激发了用户对 iPhone 的兴趣。

广告还体现了苹果的人文关怀。由于科技的进步，越来越多人指责手机、网络的发展给人际交流带来的负面影响，他们觉得面对面交流才是最用心的，也更关注现实中及时的反馈。在广告的前半段，少年对周围的家人没有做出积极的回应，指代的就是当时的“低头族”，因此受到了家人的误解。在结尾真相揭露时，家人和观众才意识到少年表面的冷漠并非因为不在乎，而是因为不善于表达自己的感情，才选择了更擅长的通过现代科技记录生活的方式来表达感情。科技并非人际社交的绊脚石，而是为不善于表达的人群提供了另一种交流方式。

亲情是最动人的力量，这部广告融入了家人间的情感，使得每个观看者都能从中找到共鸣，进而产生情感上的触动。亲情的完美表达，是广告打动消费者的原因。

【品牌个性】人性化设计，艺术美感，特立独行，创新创意

第 7 章　褚橙的魅力来自何处

褚橙即褚时健所种的橙子，名字原本叫云冠橙，后来为了给产品赋予褚时健的故事属性，故将其改名为褚橙。

7.1　褚时健不服输的人生

褚时健（1928—2019）出生于一个农民家庭，早年丧父，辍学、烤酒、种地，以此帮母亲补贴家用。青年，想重新求学却遭遇战争，扛过枪打过仗。新中国成立后被划为“右派”，却能埋头搞生产，他所在糖厂成为当地效益最好的企业。1979 年，褚时健接到一纸任命，出任玉溪卷烟厂厂长。年过半百却接下如此重任，谁还有雄心壮志再干一番事业呢？

当时的玉溪卷烟厂又小又破，产品品质低劣，没有效益，濒临破产。为了拯救烟厂，褚时健开始了大刀阔斧的改革。他将薪资改为按绩效发放，撤掉了许多不合格的管理人员，从国外引进了先进的生产机器，决定自建原料基地。

此后，褚时健更是推出创新产品“红塔山”，玉溪卷烟厂由此起死回生，褚时健只用了 18 年时间，把一个地方卷烟厂带到亚洲第一、世界第五的位置，为国家贡献了 991 亿元的税收，每年上缴税金占云南财政收入的半壁江山。

1990 年，褚时健获得全国优秀企业家终身荣誉奖“金球奖”，1994 年被评为“十大改革风云人物”和“烟草大王”。1999 年，就在褚时健功成名就、处于人生巅峰之时，却因经济问题被判处无期徒刑。随后，2001 年因为表现良好减刑为 17 年，同年 5 月因为糖尿病获准保外就医后回家治疗。

可能很多人认为，经历了如此打击，这位风烛残年的老人应该会消停了，但褚时健新的传奇故事才刚刚拉开帷幕。

7.2　初心不改用心栽褚橙

2001 年，74 岁的褚时健保外就医，回到了玉溪的家。他闲不住，每天在家里的楼上楼下跑十多次，总想找个事做。他需要一件事情来消磨时间，但到底做什么，他并不知道。就在此时，新平县一家国营农场破产了，要出租土地。这个农场恰好有 3000 多棵冰糖橙树，于是褚时健看到了机会，开始研究冰糖橙——从自然条件到市场现状。在那段时间，无论是中国产的还是外国产的柑橘类作物，他见到就买，买来不仅自己吃，也请别人吃，就是为了和这家农场的冰糖橙口味作对比。最后发现那里种出的冰糖橙口感优于同类水果，不但比云南当地产的冰糖橙好吃，比湖南、广西的冰糖橙还要好吃。而且，当时云南的冰糖橙市场很好，卖价很高。对气候和地理条件的研究更印证了他的判断——坐落于哀牢山脉的这片土地，非常适合种冰糖橙。

于是，褚时健拿出了保外就医后法院判决给他的 120 万元，接手了这个农场，又拼凑了 300 多万元，全部投入这片土地。之后为了扩大规模，他向朋友借了 1000 多万元，加上之前的投入，总共约 1500 万元，投入冰糖橙的种植事业中。

为了解决山上缺水的问题，褚时健花 24 万元专门修了长 30 公里的引水管道，还用烟梗做成有机肥。那些年，80 多岁的褚时健每个月下地 8~10 天，对果园管理得非常细致。

如今，褚时健的橙园规模已经超过了 8000 亩，其中挂果（能结果子的树）面积 2400 亩。2012 年，褚橙总产量达 9000 吨，销售额达 6520 万元；2013 年，产量突破了 1 万吨，销售额达 7770 万元。褚橙的平均亩产量达 4.2 吨，几乎超过冰糖橙原产地湖南同行平均亩产量的 4 倍之多。这个仅仅发展了 12 年的冰糖橙基地，一举成为全国冰糖橙亩产最高的基地。昔日的烟草大王褚时健，在 85 岁时，又成为中国冰糖橙大王。

7.3 最高级的营销是讲故事

2010 年，褚橙终于上市，独特的口味引发关注。在褚时健看来，最好的橙子不应该仅仅只有甜味，还应该带有一丝微酸。经过摸索，褚橙的酸甜比保持在符合中国人口味的“1∶24”。

褚橙的果树由 240 多人专职照顾。他们修剪多余枝叶，确保一棵果树只结 240 个橙子，让每颗橙子得到足够养分及全方位日照。从种植、栽培、收成、检测、运输、仓储到配送，全程打造每一颗“褚橙”的高品质、有保障的标准，使消费者快速建立品牌信任。

2012 年和 2013 年，褚橙先后通过电商走进北京、上海、广州等大城市，带着故事的“励志橙”也受到了众多网友的热捧。褚橙的目标受众是有一定经济实力的城市消费者。为了迎合目标受众的消费习惯，褚橙主打高品质、高价格的品牌理念，包装盒的风格也与其他水果、食品类产品有所不同，整体简约大气，专门推出了系列包装设计，包括预售卡、标签、二维码、包装、说明书等。预售卡象征着仪式感，标签和二维码包含橙子的产地信息与培育方式，包装高档，适合当作礼物送人，说明书介绍褚时健的人生故事。当消费者收到褚橙的时候，相当于拿到了一个数码产品，而不只是水果。

内涵和精神丰富的品牌才能长久保持知名度和活力，因此一个好的品牌应注入能激发顾客共鸣的故事或精神。褚橙正是成功运用故事引起顾客共鸣的。无论是线上社交媒体的广告投放，还是线下传统媒体的广告投放，主线全部围绕褚时健与橙子的故事。褚时健坚韧的人生精神与褚橙的一片匠心，橙子的高品质与褚时健熠熠生辉的人格相辅相成，让褚橙的故事营销策略大获成功。

消费者吃褚橙的时候，吃的也不再是橙子，而是品位与精神。消费者品味褚橙中所蕴含的情怀，很多人从橙子中获得了鼓励与动力。无论是果子背后的故事也好，还是口味确实取胜也罢，褚橙的价格让普通的橙子望尘莫及。昆明市面上的普通橙子 10 元 4 公斤，而褚橙出厂价就达到每公斤 12 元、13 元，且不出云南省就卖完了。

广告本身虽然不能改变产品的品质，但是能通过塑造独一无二的品牌个性在消费者心目中提升产品的价值。广告是塑造品牌个性的最有力手段，它使相同的商品具有与众不同的特性和品牌形象。

《褚时健传》于 2015 年出版，是褚老最认可的授权传记，自序中称该书写出了他真实的一生。书中忠实记录了褚老的传奇人生，起落、颠覆以及从谷底反弹，风靡全国的“励志橙”创业史，再一次给了社会公众了解褚老以及传播褚橙的机会。

图 7–1　褚橙平面广告

7.4　动人心弦靠的是精神

褚时健的一生可谓是传奇，敬业和工匠精神让他无论干什么工作都比别人更出色。年轻时酿酒，他的出酒率比同行高 15%；经营糖厂，出糖率也比别人高；经营果园，橙子树每年都高产，几乎没有大小年。

褚时健的跌宕经历，不仅展现了一种精气神，更体现了一种企业家精神。褚橙品牌最为倚仗的就是褚时健自带的精神与情感，他跌宕起伏的人生赋予褚橙很高的附加价值。看到“褚橙”品牌，人们就会联想到其背后的励志故事和精神传承，引发内心深处共鸣。由故事又带出“褚橙”的样子，以及“褚橙”特有的 1 ：24酸甜比，购买欲望自然被激发出来。

此外，褚橙品牌还拍摄了 10 位“80 后”的人生故事，每个视频时长 3 分钟，放到网络上进行传播。品牌参与者的共同点，一是他们都很励志，这一品质能够与褚时健的相呼应；二是他们都处于人生的转折期，在 30 岁左右，事业面临转型，这与褚时健的人生经历也不谋而合。

总而言之，褚橙的目标人群需要有一定经济实力，能够接受褚橙在行业中较高的价格。更重要的是，褚橙在营销以及包装中所营造出的故事感、励志精神以及高品质，直击目标受众的痛点，让消费者心甘情愿地买单。

【品牌个性】强韧，拼搏，敬业，美味

第 8 章　孤胆英雄是华为

华为技术有限公司成立于 1987 年，总部位于广东省深圳市龙岗区。华为是全球领先的信息与通信技术（ICT）解决方案供应商，致力于实现未来信息社会、构建更美好的全链接世界。

8.1　人生磨难成财富

1944 年 10 月 25 日，任正非出生于贵州省镇宁县一个贫困的小村庄。父母都是乡村中学教师，家中还有弟弟、妹妹 6 人。任正非父母非常重视和鼓励孩子学习，即使在困难时期也未中断。

一直到高中，家庭贫困的任正非还是吃不饱、穿不暖，有时甚至被迫去山上挖野草根来充饥。任正非最大的梦想就是能吃一个白面馒头，但即使偶尔有一个馒头，母亲也会切成九等份，每个人只有一口，为的是让每个孩子都能活下去。

1963 年，任正非考上重庆建筑工程学院，母亲想尽办法为他做了两件衬衣和一条拼接起来的被单，陪伴他度过了四年艰苦的大学生活。任正非学习很刻苦，他在大学里自学自动控制学、逻辑学、哲学和几门外语。

任正非认为，苦难是人生一笔最宝贵的财富，他说："如果没有经历童年的贫苦饥饿以及人生的挫折，就不可能取得今天的成就。如果不艰苦奋斗，就不可能有今天的华为。"

大学毕业后，任正非入伍成为一名基建工程兵。1983 年国家撤销基建工程兵，他转业来到深圳，在南油集团旗下的一家电子公司任副总经理。在这里，任正非遭遇了人生的第一个"陡坡"，在一笔生意中被人坑了，导致公司 200 多万元货款无法收回。无奈之下他被南油集团解聘，成为一名失业者。

任正非失去了经济来源，妻子与他离婚，上有老下有小，他还要兼顾 6 个弟弟妹妹的生活。他和父母租住在一间小房里，阳台当成了厨房，生活陷入窘境，人生跌入谷底。为了省钱，任母通常在菜市场收摊时，拣一些别人扔掉的菜叶、买便宜的死鱼以维持生活。

8.2 雄心万丈创基业

中年危机之下任正非没有时间去感伤，家庭的责任、事业的急迫，令任正非迫不得已，走向了背水一战的创业之路。1987 年 9 月 15 日，他凑了 2.1 万元在深圳注册成立了华为技术有限公司，成为香港康力公司的 HAX 模拟交换机的代理商。

任正非将公司起名为“华为”，寓意“中华有为”。创业初始，没有太多的理想主义，仅仅只是为了提高家人的生活质量。当时华为通过代理销售交换机赚了第一桶金，在销售设备时，任正非看到了中国电信行业对程控交换机的渴望，同时也看到整个市场被跨国公司所把持。当时国内使用的几乎所有的通信设备都依赖进口，民族企业在其中完全没有立足之地。

在突遭供应商断货后，华为被迫开始自己研发和制造产品。1991 年 9 月，华为租下了深圳宝安县蚝业村工业大厦三楼，开始研制程控交换机。最初公司员工仅 50 余人，当时的公司既是生产车间、库房，又是厨房和卧室。十几张床挨着墙边一字排开，床不够的话，就在泡沫板上加床垫对付。

所有人吃住都在公司，不管是领导还是员工，累了就睡一会儿，醒来再接着干。为了激励员工，也为了坚定自己的决心，在动员大会上，任正非站在五楼会议室的窗外对全体员工说：“这次研发成功，我们都有发展，如果研发失败了，我只有从楼上跳下去。”最初的选择充满了悲壮。

1991 年 12 月，首批 3 台 BH – 03 交换机包装发货。当时公司已经没有现金，再不出货就直接面临破产。幸运的是，这三台交换机很快回款，公司才得以正常运营。1992 年，华为的交换机批量进入市场，当年产值即达到 1.2 亿元，利润则过千万元，而当时华为的员工仅 100 人左右。

1994 年，华为推出了 C&C08 机，刚刚在通信行业立稳脚跟，任正非就制定“走出国门，主动进攻”的战略，而且乐观预计，将来华为在世界通信行业“三分天下有其一”。

在境内通过“农村包围城市”积累资金和经验，集中人力、物力和财力用于新产品的开发，从技术上迎头赶上跨国企业和国有企业，借助价格战和优质的客户服务，为实施“包围城市”蓄力。

在国际化方面，华为采用“先易后难”战术，避免与欧美跨国公司争夺发达国家市场，迂回侧翼地把非洲和亚洲的一些第三世界国家作为企业国际化的起点。1999 年，华为迎来了国际市场上真正的零的突破——在也门和老挝正式中标，但海外业务收入占总营业额还不到 4%。华为发力被国际巨头忽视的边缘市场，通过一应俱全的产品以及难以置信的低价，不断试错、调整并优化市场拓展的策略。

自 2000 年起，华为在海外市场火力全开，包括泰国、新加坡、马来西亚等东南亚市场以及中东、非洲等区域市场。特别是在华人比较集中的泰国市场，华为连续拿下几个较大的移动智能网订单。此外，在相对比较发达的地区，如沙特、南非等，华为也取得了良好的销售业绩。

在发展中国家连战告捷后，华为开始尝试关注已久的发达国家市场。在西欧，从 2001 年开始，以 10GSDH 光网络产品进入德国为起点，通过与当地著名代理商合作，成功打入德国、法国、西班牙、英国等发达国家。

最难啃的骨头是北美市场，它既是全球最大的电信设备市场，也是思科等跨国巨头的老巢。起初，华为的无线、NGN（下一代网络）数据通信、光网络产品虽有销售，但进展相对迟缓。2009 年，华为在全球电信设备市场已超越阿尔卡特—朗讯、诺基亚西门子，仅次于爱立信，成为第二大电信设备商，真正实现了全球通信设备市场的“三分天下”。

到 2013 年，华为的销售收入达到 395 亿美元，其中 66% 来自海外，华为的销售收入首次超越爱立信，成为全球同行业的老大，从追随者变身为领导者。2016 年，华为的销售额突破 5200 亿元，跻身世界百强企业（居世界 500 强第 83 位），而爱立信仅排 419 位，竞争优势已经非常明显。

8.3 不遗余力做研发

华为官方数据显示，截至 2019 年华为全球员工总数 19.4 万人，研发人员约 9.6 万人，占到总员工数的一半。其中海外员工总数超过 3.7 万人，来自全球 157 个国家和地区，海外员工平均本地化率约 67%。

华为至少有 700 多名数学家、800 多名物理学家、120 多名化学家、6000~7000 名基础研究专家，以及 6 万多名高级工程师、工程师。实际上华为在海外的科学家，尤其是顶尖科学家占比很高，所以才会在海外设立 16 个全球研发中心，用以网罗全球各地的顶尖人才，比如俄罗斯的算法、意大利的微波传输、日本的材料科学等。

华为的股权结构中，98.99% 由员工工会持有，持股的员工享有分红权。华为发展以员工作为驱动力，员工真正享受自己创造出来的财富。任正非在员工大会上说："公司不是我个人的，因此接班人不是我说了算，而是大家说了算。"可见，在华为，只要你有能力就能施展自己的抱负，也能够获得相应的回报。

《华为基本法》虽然篇幅很短，但每字每句都经过雕琢，是长达两年半之久的上上下下讨论而来。这样一方面可以避免因为高层的非理性决策葬送几十年积累下来的基业，另一方面可以避免人才断层。

面向未来，华为持续加大研发投入，2022 年研发投入达到 1615 亿元人民币，占全年收入的 25.1%，十年累计投入的研发费用超过 9773 亿元人民币。到 2021 年年底，华为在全球累计专利申请量超过 20 万件，累计授权量超过 11 万件，PCT 超过 6 万件，其中的 PCT 专利申请量连续五年位居全球第一。整体来看，2021 年，华为是中国获得授权专利最多的公司，在欧洲专利局专利申请量排名第一，在美国新增专利授权量排名第五。

8.4　愈挫愈勇扬斗志

2019 年 5 月，华为被美国列入“实体清单”，谷歌、高通、思科、英特尔等多家美国科技巨头被美国政府下令“断供”。美国想堵死华为未来的发展之路，限制华为和海思自己使用美国 CCL 清单（高品控制清单，Commodity Control List）上的软件和技术产出的任何产品（包括半导体设计等技术商品），美国的三大 EDA（电子设计自动化，Electronic Design Automation）公司此后都停止了和华为合作。

为了应对美国蛮横打压，华为启动了在“极限生存”假设下秘密研发的鸿蒙系统，并且向外界宣示：华为不惧贸易战。而在之后的芯片设计方面，华为在 EDA 上选择自研 + 联合国产厂家开发，以及在终端和服务器芯片的 ARM 架构基础上持续自行升级改造和发展。

图 8-1　华为平面广告

2023 年 3 月 17 日，任正非在深圳坂田总部举办的“难题揭榜”火花奖颁奖典礼上表示，在美国制裁华为这 3 年期间，华为完成超过 13000 颗器件的替代开发、4000 多块电路板的反复换板开发等，直到现在电路板才稳定下来，因为有了国产零部件的稳定供应。任正非表示，华为还处于困难时期，但是其前进之路不会停步。据透露，2022 年华为研发经费是 238 亿美元，几年后在前沿探索上还会随着公司利润增多而继续加大投入。

除此之外，华为完全用自己的操作系统、数据库、编译器和语言，研发出了自己的管理系统 MetaERP 软件，顺利通过了公司全球各部门的应用实战考验，通过了公司的总账使用年度结算考验。

8.5 真情广告添虎翼

华为的 P 系列一直主打轻薄影像，甚至可以说，P 系列为全行业定义了移动影像的新高度。华为 P50 具有大屏幕、高颜值、轻薄、美学设计等特点，其目标客户主要是年轻消费群体，特别以年轻女性为主要受众，年龄主要分布在 15~35 岁。

华为广告一：多个角度，多份爱

广告的前半部分，一直在突出体现女主在怀孕以及生产过程中所面临的取舍以及所经历的痛苦：因为新生命的到来，也为了怀孕期间方便，她剪掉珍爱的长发；孕吐到怀疑人生，甚至让她吐露“后悔怀孕”的心声；孕肚渐渐变大，连弯腰捡个东西都变得困难；妊娠纹也日益明显；为了宝宝的顺利诞生，每天都坚持足够的运动；无数个夜晚辗转反侧；终于到了迎接宝宝诞生的时刻，她第一时间和产房外的爸爸分享；身为妈妈，心里只想着宝宝，却忘了自己；但是还好，总有人记着了不起的你。

男性的角色却并没有缺席，男主全程陪伴在女主身边，而在影片最后的一句“比起宝宝，我更想看看你，即使你忘了自己，我不会忘了你”更是将整部宣传片升华，既体现了男主对女主深深的爱意，更在告诉观众我们身边一定是有人在惦记着我们，让观众感到无比温暖，彰显了华为品牌的温度。

“怀孕后会发生哪些变化”排名微博热搜第二，话题阅读量超过 4.5 亿次；高居微博热议榜榜首，在榜时间超过 48 小时；官方视频播放量超过 7100 万人次，在热搜话题页高位露出；微博、抖音等社交 / 短视频平台总曝光超过 2.27 亿元；总点击量超过 171 万人次，累计视频播放量超过 1.1 亿人次。

华为广告二：2020 年父亲节

全片以父亲和女儿的日常生活镜头为主，以女儿成长的过程为线，展现出父亲对女儿的爱。在广告里，父亲没有台词，他的形象沉默且严肃，但是通过他的眼神和行动，我们很容易看出他对女儿小心又无声的爱。

小时候，女儿哭泣时，父亲第一时间出现在女儿面前，温柔地哄着女儿；当女儿不肯好好吃饭时，平时严肃的父亲笨拙地做出鬼脸逗她开心、让她吃饭；女儿不开心的时候，父亲耐心地抱着女儿哄她；女儿生病时，他焦急地抱着女儿去医院，无微不至地照顾女儿。渐渐地，女儿长大了，有了自己的审美和想法。下雨时，父亲带着伞去接女儿，发现女儿长大了，已经有男朋友了，她的男朋友带她躲雨。父亲看到这一幕，心里很不是滋味，但也没说什么，而是把女儿拉进自己的伞里，怕她感冒了，赶紧回家。女儿在沙发上和男朋友视频，父亲在她旁边浇树，假装不经意地看到她的手机。女儿长大了，亲密无间的父女也有了距离感。女儿毕业了，父亲去参加女儿的毕业典礼，他开心地想和女儿两个人单独合照一张，华为 P40 手机拍得很清晰，父女脸上的笑容清晰可见，无意闯入这个镜头里的男朋友也拍得很清晰。父亲看着照片里多出一个人，不太开心，走到一边，用华为 P40 系列独有的“路人消除”功能，把意外闯入的男朋友从照片上去除了。看着照片上只有他和女儿两人，父亲露出了孩子般开心的笑容。最后点出了——世界上最不小气的人，也最小气。

这个广告借助父亲对女儿隐秘深沉的爱来打动受众。既然是广告片，除了感人和有趣的剧情勾人联想外，最巧妙的就是华为 P40 产品功能的植入了。华为的这支广告在很多情节和大多数其他打感情牌的父亲节广告手法一样，可以极大程度地激发受众的情绪，让他们共情，沉浸其中；但广告结尾画风突变，在女儿的毕业典礼上，父亲吃起女儿男朋友的醋，父亲悄悄地用华为 P40 系列独有的“路人消除”功能，把照片中女儿的男朋友清除掉，在凸显产品功能价值的同时，这种“小气”与广告上半段形成的反差也为短片增加了一份活泼感和真实感。

华为这次新出的父亲节广告片，在创意上赋予了产品卖点的情感化沟通，让人们了解到了父爱的“小气”里藏着对女儿更深的珍惜和不舍的意味，也无疑提升了人们对 P40 这个差异化品牌的好感度。此次 P40 借助“AI 精彩瞬间，路人移除”功能卖点植入，可以说成为片中父女间的情感连接点，不仅诠释了父爱的另一面、创造出独特的情感记忆点，而且让剧情充满了趣味性，破除了以往的常规剧情套路。

这则广告片让大家觉得有趣味的同时，也能让大家记住产品的卖点，还能使消费者看出华为对父爱的情感洞察是上心和深刻的，无疑获得很好的效果。

华为这支广告通过琐碎温情的日常镜头，交代了一位父亲是如何履行自己职责的，全程没有一句台词，却向我们传达了最传统也最中国式的父爱：父爱虽无言，却用一辈子的行动在诠释。

对于父亲节营销来说，看多了主打温情、暖心风格的营销，而华为通过对比——短片前半部分营造满满的暖心氛围，父爱是无私默默奉献的；短片后半部分通过女儿谈恋爱了，父亲与女儿男朋友之间的博弈这件趣事，刻画父亲“小气”的点，从另一种角度体现父爱。广告的立意点最终都是落在了父女之间的情感上，真实而不失温度，有趣而不跳脱现实，以至于从内心深处真正打动人心。

华为作为一个科技品牌，一直以来都在致力于打造人文科技，每次将科技产品与情感链接的点都拿捏得十分到位。此次为了宣传“AI 精彩瞬间，路人移除”的产品卖点，广告的植入也非常巧妙。这种爱是相互的，从而落到产品或品牌上就不只是冰冷的一面，更多的是依托情感体现品牌暖心的一面。

华为广告三：梦想成真（Dream It Possible）

该国际版推广短片由华为联手好莱坞影视制作公司 Wondros 共同打

造，于2016年底发布于国内外媒体平台。背景音乐来自华为手机品牌音乐*Dream It Possible*，由美国歌手Delacey演唱；中文版《我的梦》由张靓颖演唱。短片采用了电影的拍摄手法，时间跨度长，场景华美，人物设定丰富，情节流畅，生动叙述了一个名叫安娜的女孩15年不懈追求钢琴梦想的励志故事。

安娜从家庭琴房开始，以与祖父“四手联弹”为启蒙，至学校课堂学习演奏，后又离乡求学继续深造。其间经历了社会性成长，学习、工作、恋爱……她开始接受新的人生考验，远离懵懂，不断成熟。成长的路途必然与泪水相伴，但安娜有祖父和家人的陪伴支持。最终安娜通过不懈的坚持与努力，登上了维也纳金色大厅的舞台，实现了自己的人生梦想，让病危的祖父为自己自豪。在视频的最后，女孩拿出华为手机紧紧搂在怀中，画面上出现“Presented by Huawei”将主题升华，同时也将女孩与产品联系起来，在令人感动之余，展示了华为品牌坚持不懈、努力奋斗的品质。

视频以安娜努力追梦、坚持不懈的行为为重点，辅以在她追梦过程中家人给予的精神鼓励和支持。华为在展现个人独立性、努力奋斗品质的同时，也满足了观众对于亲情的诉求。

【品牌个性】勇敢，强韧，奋斗，创新，品质

第 9 章　农夫山泉有点甜

农夫山泉自 1996 年面世，经过 20 余年的发展，不仅成为国内知名品牌，甚至在世界水饮市场也占据一席之地。从“农夫山泉有点甜”到“我们不生产水，我们只是大自然的搬运工”，农夫山泉广告一直在诉求一种品质，塑造一个深入人心的健康的天然水品牌形象。

9.1　前瞻布局抢占先机

为了保障持续大量的优质天然水供应，农夫山泉独具战略眼光，前瞻性地在中国布局了众多稀缺的优质天然水源，奠定了为消费者提供健康服务的基础和能力，形成稳定的竞争优势。农夫山泉根据消费者洞察，结合中国文化，推出了一系列经典的广告语和营销案例。农夫山泉坚信，一个产品推向市场，不仅要有好的质量，更要具有品牌的灵魂和精神。农夫山泉拥有专业的装备水平和制造能力、强大的供应链管理能力与严格的质量保障体系，以及世界专业的饮用水生产线和达到 Log6 无菌标准的高速无菌灌装设备，在主要的三大水源地均具备低能耗、效率高的铁路直运能力，已经建立起涵盖原料、研发、制造、销售通路的闭环产品质量保障体系。农夫山泉不断推陈出新，形成多元化产品矩阵，除饮用水外，已经布局即饮茶、功能饮料、果汁、植物蛋白、咖啡等品类。

面对瞬息万变的市场环境，农夫山泉建立了完善的全国性销售渠道，依托大数据系统持续提升分销效率。截至 2019 年，农夫山泉通过销售人员的手机终端系统管理全国 4000 余个经销商、1 万余名一线销售及销售管理人员，并通过大数据分析系统管理经销商库存，严控产品终端货龄，提升运营效率。

9.2　品牌主打纯净天然

2000 年，养生堂发动了一场声势浩大的“水战”。当时，农夫山泉突然宣布停止生产纯净水，全面转产天然水，原因是“纯净水对健康无益”，还在全国小学大搞“培育水仙花”的对比实验。这一举动及声明让农夫山泉成为行业“公敌”，一大批纯净水企业群起而攻之。这正中下怀，轰动与争议极大地提升了“农夫山泉”的知名度，因此成功登上瓶装饮用水三甲的宝座。广告词“农夫山泉有点甜”带有明显的心理暗示意味。为什么甜？因为是天然矿泉水，因为含有多种微量元素，所以在味道上不同于其他水。背水一战的农夫山泉，开始在全国各地寻找优质水源。经过努力，先后在吉林、湖北、广东、新疆、四川、贵州等地建立了 8 个天然水源基地，树立起天然水的鲜明形象。

“农夫山泉有点甜”，简简单单的几个字，突显了产品的核心——“甜”。“甜”是一个形容词，通常都和甜蜜、幸福、美好这些词联系在一起。这就是农夫山泉的高明之处，为水赋予一种美好的象征意义。当一种产品有美的内涵和美的外延——优质的产品质量（甜蜜，纯净），以及唯美的设计和包装，物美价廉、服务周到的时候，就会让消费者对这个产品和品牌有好的印象和认识。直到现在，有的消费者在超市、便利店看到农夫山泉时，还经常会不自觉地说出“农夫山泉有点甜”这句广告语。

因为农夫山泉取自千岛湖 70 米以下的深层水，这里是国家一级水资源保护区，水质纯净，入口回甘。所以，“有点甜”这个产品信息，不仅表明了产品特性，也突出了产品的优良品质。

在农夫山泉的产品营销中，一直围绕着“天然 · 健康”的营销理念，与那些喊口号的品牌不同的是，农夫山泉将“天然 · 健康”展示给消费者看。水源地探秘活动可以说是品牌的一大创新，在水源地建一个“博物馆”向用户展示别样的农夫山泉。为了让更多用户能够深入了解品牌，农夫山泉将水源地的景色搬上荧屏，让广告来说话，让更多的人放心。

在产品原材料的选择上，除了在无污染的水源地建厂，更是花费大量的人力物力财力去建设自己的种植基地，种植脐橙、苹果、石榴、杏儿、大米、茶叶等。农夫山泉既卖水果和粮食，又能够为自家产品生产提供原材料，追本溯源，好品质让用户能够看得见。

作为长白雪天然雪山矿泉水一直以来的创意核心，农夫山泉的这支广告依然选择聚焦于水的另一种形态——雪。在这支短片中，观众通过超微距视角观察雪花的形成，雪是静止的水，营造了长白山的静谧，水是流动的雪，呈现大森林的灵动之美，二者转化过程迸发大自然的内在活力。通过文案“你喝到的，是长白山松软雪花的味道”，完成了视觉舒适到口感的通感转化。冰雪融化后，形成稀有的偏硅酸型天然雪山矿泉水，口感清冽轻盈。通过这一品牌叙事，告诉观众，即使身隔千里，也可以享受长白山松软雪花的味道。这一叙事有着明显的农夫山泉水源地营销印记。

农夫山泉的目标顾客是对水质要求比较高、重视生活品位、热爱大自然、热爱生活的群体。农夫山泉针对这部分目标顾客群体打造的卖点，一是在水质上凸显水质的纯净，让顾客放心；二是在保护大自然方面契合了顾客对大自然的热爱，对自然的向往；三是在外包装上追求高大上以及具有艺术化的设计，满足顾客的小资需求。综合起来，其卖点就包括品质外观以及农夫山泉整个品牌所塑造的热爱大自然的形象，也就是让品牌更加具有可信度与情感和品质，赢得了顾客的信赖。

农夫山泉通过这支广告顺利达到自己的目标，也赢得了客户的信赖。从 2015 年农夫山泉发布多支以情感为主题的广告以来，农夫山泉的知名度大大增加，企业品牌一跃成为人们心中自然美好纯净的代名词。

9.3 包装简洁精致走心

农夫山泉每款产品的设计，都可以称得上独一无二。据农夫山泉消息称，其高端玻璃瓶水一共经历了 50 余稿、300 多个设计，经过 3 年时间，才成就了现在市面上受欢迎的产品。同时，在这款高端水原有的设计风格和理念上，农夫山泉结合中国传统文化推出了十二生肖瓶，其惟妙惟肖的设计花了不少心思。在婴儿水的瓶身设计上，农夫山泉匠心独具，考虑用户群体的特殊性，更适合育婴人群。农夫山泉学生矿泉水就更有趣了，独立设计加上充满童真童趣的瓶身，给人带来极强的视觉冲击，契合学生用户群体，给用户带来舒适的使用体验感。

就拿上一年爆火的“小瓶子涂鸦大赛”来说，农夫山泉抓住契机，以“小身材里面藏着快乐的小秘密”为主题，与用户玩起了互动，将具有农夫山泉特色的文案融入其中，好玩又有趣。同时推出“农夫山泉 & 快乐源泉”小瓶子，脑洞大开创意十足，并激发了用户的创作热情，让 UGC（用户生成内容，User Generated Content）在营销中的作用彰显。

图 9-1　农夫山泉平面广告

2017 年 8 月，农夫山泉与网易云音乐达成合作，精选 30 条网易云音乐乐评，印在 4 亿瓶农夫山泉天然水瓶身，制成首款限量版“乐瓶”，其名字取自乐评的谐音。农夫山泉的“乐瓶”准确地抓住了大众的情感需求，在设计中融入情感与时代元素，激发消费者情绪上的共鸣。与包装文案所选的 30 条乐评内容相对应的是大众内心深处的孤独感、失落感与空虚感，将消费者的内心感受寄托于“乐瓶”包装中。AR 交互与文案内容不但为瓶装水包装增加了趣味性与新鲜度，更抓住了消费者的情感主线，促成了人与人之间的情感交流，以网易云音乐乐评实现用户之间的对话。并且，消费者还可以借用“乐瓶”包装来抒发内心的想法，购物过程同时也可以视为展现自我的过程，包装上的文案满足了人们的情感诉求。随着消费水平的提高，人们表达情感需求与满足情感需求的欲望将越来越强烈，情感化的包装也是未来包装设计的研究重点之一。“乐瓶”的设计从情怀入手，通过传达大众的乐评与生活感悟，激发消费者的情感共鸣与深层交流。这种通过社会热议话题与 AR 技术相结合的方式，为消费者营造了更生动的消费情境和情感体验氛围，将农夫山泉的品牌语言更直观地表达了出来。

9.4 挖掘员工感人故事

2016 年，农夫山泉发布了 4 条专为 20 周年拍摄的系列广告，广告以微纪录片的形式，运用纪实性的镜头语言来呈现。在介绍水源地的同时，短片主角变成了农夫山泉各个岗位的普通员工，从西藏销售代理到武陵山水源质检员，通过讲述他们或许平凡却不平庸的故事，将农夫山泉对品质的坚守娓娓道来。纪录片展示了这些闪光的普通员工就是农夫山泉的品质保障。广告结合了工厂与自然相融合的和谐画面，展现了农夫山泉对于大自然的敬畏以及对环境保护的重视。用悠远绵长的嗓音导入农夫山泉浓厚的企业文化，用清新朴实的镜头勾勒出农夫山泉不变的温情坚守。农夫山泉的纪录片广告，不仅是为了营销，更多的是一种真情流露，流露出人与自然间的相惜之情，流露出优秀员工在外打拼时对亲人的思念之情，真真切切地将人与水的故事引入广告中去，激发与消费者之间的情感共鸣。

农夫山泉全景式的广告微纪录片，扑面而来的是生灵与自然的高度融合，没有华丽辞藻的修饰，没有脱离实际的煽情，仅透过朴实的镜头，叩开受众的心结。农夫山泉的情怀和人性化不仅体现在纪录片广告中，还在视频平台上设置了“广告可跳过”的功能。这一举动，使得宣传片的曝光率得到了更大的提升。对比于当时其他几十秒的视频广告而言，农夫山泉微纪录片广告无疑挑战了消费者对广告时长的耐心。然而这一项可供跳过的广告，却让受众感到贴心和被尊重。

9.5　创意广告制作精美

2015 年农夫山泉发布了《从水源到产品，你不知道的农夫山泉》这支广告，以微纪录片的形式将拍摄的目标聚集到农夫山泉的水源地，通过介绍水源地的水质、水的技术工艺、产品包装和设计，给人们全面展示了农夫山泉的生产运输过程，加上其非常具有感染力的“我们不生产水，我们只是大自然的搬运工”这一广告语，让这支广告迅速得以传播，并引发大众对农夫山泉的全新认识。

借助这支微纪录片广告，农夫山泉快速登上各大新闻网站，并成为著名的广告营销案例。通过对水源地的展示，让人们在充满自然气息和宁静的环境中感受农夫山泉的高品质，从而让受众产生情感共振，对农夫山泉产生情感归属，满足了用户对于水这种日常用品的精神需求，并潜移默化地改变了大众对农夫山泉的印象。紧随的是农夫山泉品牌在它的瓶身设计上采用了极具长白山自然元素的设计，将具有地域性的物种进行描绘，如松果、东北虎、中国秋沙鸭等，这些植物图案设计得十分精美，配上纯净的水，更让人感受其纯净与清澈，同时从水中能够感受到大自然的美好。

广告邀请了专业的纪录片拍摄团队（摄影师有近 30 年的野外拍摄经验），用了一年多的时间，扎根在农夫山泉的长白山水源地拍摄，堪比国家纯生态地理纪录片。农夫山泉为了证明水源品质的信赖，组建了一支全球顶级的纪录片团队，邀请长白山当地的动物学家，有经验的动物摄影师不畏辛苦艰难，去等待那些自然中的精灵们的美好瞬间，比如雪地里探出头的紫貂，在水里嬉戏的鸳鸯……这支广告虽然只有短短一分钟，却让我们认识了农夫山泉水的发源地，被誉为“史上最美的矿泉水广告”。那些自然界的精灵们，让我们真真切切地感受到农夫山泉的坚守、责任和用心。

与产品广告语相契合，突出产品特点。农夫山泉通过从拍摄水源地入手，体现了其“我们不生产水，我们只是大自然的搬运工”广告语的真正含义，同时突出了其产品所用水资源的高质量，提高了消费者对其产品质量的信任度。

【品牌个性】自然，美感，纯净，健康

第 10 章　B 站昵称“小破站”

哔哩哔哩弹幕网（简称 B 站）是中国年轻世代聚集的交流社区，它起初是以动漫为主，是小众文化追捧者的聚集之地，得益于包容共创的文化氛围，不同人群持续涌入，使 B 站变得更加丰富多彩，成长为如今囊括美食、影视、综艺、动漫、舞蹈、音乐、游戏、学习等多种元素的综合文化社区。其鲜明特色在于交流共创，原创视频是 B 站的重中之重。数据显示，由 UP 主（上传者，uploader）创作的视频贡献了平台 80% 以上的播放量。运营方引导和扶持 UP 主，鼓励他们商业变现，依托原创内容吸引更多用户，由此建设欢乐、繁荣及包容性的线上社区，被各大品牌视为与新一代青年交流合作的友谊之地。

B 站将目标群体设定为“90 后”“00 后”，这部分人群被称为 Z 世代。受益于中国经济的高速发展，Z 世代拥有良好的生活条件和受教育程度，从小接触互联网，对网络热点有近乎痴迷的追求，这些都非常有利于 B 站的品牌建设。据估计，B 站每月有 220 万名创作者上传 770 万个视频，产生约 66 亿次互动，这个数据是惊人的。

10.1　“跨年晚会”成黑马

2019 年 12 月 31 日，B 站首次举办跨年晚会，豆瓣评分高达 9.2，直播在线观看 8203 万人次，同期数据超越各大主流卫视的跨年晚会，成为跨年流量竞争中的一匹“黑马”。《人民日报》等纷纷发文称赞，更多用户慕名而来“补课”精彩内容。

2021 年和 2022 年，连续两届 B 站跨年晚会获评国家广播电视总局网络视听精品节目。跨年晚会以年轻人的兴趣为切入点，凭借一系列文化底蕴深厚的作品，让观众感受到中华文化的博大精深，燃起对优秀传统文化的热爱。当晚，晚会直播人气峰值达到3.3亿人次，创造了新的纪录。主动吸纳优秀传统文化、主流文化和青年文化，尝试多维度创新节目形式，让观众在真诚、善意与美好的氛围中共建、共享，是B站跨年晚会取得巨大流量的密码。

B站《2023年最美的夜》开播十分钟，人气值即破亿，峰值超过3.3亿人次。相比于“什么都想要”和“明星堂会展”的传统媒体，B站已经完全走出了独具标签的一条路，一口气在舞台上重现了60多款影视、动漫、游戏经典IP，让观众与来自过去、当下、未来的偶像们齐聚一堂，满满的回忆杀，B站胜在能够引发好奇的有效热搜。

相比传统的卫视跨年晚会由制作方先定主题再打造节目的方式，由观众和主创共同创作是B站跨年晚会的特色，“共创”让观众能在节目中看见自己，节目内容更具灵活性、亲民性，且符合年轻群体共同狂欢的娱乐需求。跨年晚会是B站大型的共创项目，平台能洞悉其日常消费偏好，用于进行自身创作。跨年晚会的很多灵感或设计就来自B站用户，并逐步建立起成熟的创作结构：流行热点满足大众需求，兴趣内容满足某类爱好者的深度消费需求，创新内容探索边界、找到新的引爆点。好的创作者能看到热点背后用户真正的审美偏好和心理诉求，有品位、有情怀，跨年晚会让用户收获了参与感与归属感。

他们带着时代的眼光走进中华文明，不断找寻传统文化宝藏中的时代命题和当代价值。用喜闻乐见的形式为传统文化赋予新生命力，以创新的方式挖掘和塑造符合传统文化传播的新型文化生态模式，B站跨年晚会不仅是每年年轻人迎接新年的仪式，更是一年时间里文化跨界、内容创新的一次集体收获。

10.2 前浪对后浪点赞

2020年跨年晚会之后，B站推出广告《浪潮三部曲》，不仅获得市场强烈反响和赞誉，而且获得 2021 年虎啸奖公共传播类金奖。第一部是《后浪》，一经发布，立刻就在朋友圈疯传，瞬间火爆刷屏；第二部《入海》联合歌手毛不易共同打造毕业季主题曲并发布了相关 MV；第三部是《喜相逢》，叙述了一位年老 UP 主的励志故事。

B 站的主要用户是年青一代，他们试图破圈，让 B 站成为老少皆宜的自主创作流媒体平台。2020 年五四青年节，B 站发布“献给新一代的演讲”视频——《后浪》，随着对该视频的大量评论和转发，“后浪”一词瞬间成为热门词汇，引起了现象级的传播。

《后浪》完整版时长 3 分 52 秒，在 B 站上映，并在中央电视台热门时段播出了简短版。在片中，国家一级演员、“60 后”何冰所代表的“前浪”，主动走向了“后浪”，以一场慷慨激昂的演讲表达了对年轻新生代力量的理解和祝福，点赞当今年轻人的专业、自信及开放等优秀特点。何冰凭借出色的演讲功力，搭配独树一帜的文案力量、慷慨激昂的背景音乐，以及穿插其间的各类 UP 主的丰富混剪素材，充盈着青春朝气，让人为之热血沸腾。该广告展现出品牌多元包容的文化生态，让大众建立全新的认知，意识到 B 站是一个充满力量、更具普适性的优秀平台。

图 10-1　哔哩哔哩平面广告

《后浪》视频分为 3 个部分：满怀羡慕、满怀敬意、满怀感激，各部分层层铺展，将这一短小精悍的片子推向“高潮”。从标题到末尾都是言简意赅、字字精华、毫无赘余，全视频由紧密的短句、激昂的音乐、极具现实意义的真实片段剪辑而成。该广告最大的感情基调便是热情，最大的特点便是生动真实，最成功之处就在于演讲者极具渲染力的表达。

该广告一经推出，一夜之间就席卷了豆瓣、知乎、QQ 看点、QQ 空间、微博、微信朋友圈等众多的媒体平台，知乎、豆瓣等内容社区也出现相关话题讨论，似乎所有人都被这部《后浪》拨动了心弦，也让 B 站的股票一夜间大涨了 5%。可以说这是一场极其成功的营销，当时季度的月平均活跃用户、日平均活跃用户、月平均付费用户均增长 69% 以上，营业收入增长 32%。

“后浪”一词也被不断引用和探讨，更是荣登“2020 年度十大流行语”，几乎横扫了当年广告业所有的大奖。“共情”是后浪广告最核心的策略，用这些推心置腹而又热血澎湃的文案，无论现在是否年轻，只要年轻过就会有共情，所有人都会在此刻点燃那团年轻的火焰。《后浪》是 B 站正式奔赴大众、拥抱世界的宣言，打破了大众原有的刻板印象，宣示了 B 站成为所有人施展抱负、表达自己的舞台。

10.3 毕业入海做浪花

广告三部曲的第二部《入海》，是献给那些即将毕业或已经毕业的人，正如歌词那样“一起跃入人海，做一朵奔涌的浪花”。与《后浪》截然不同，《入海》不再高亢激昂，而是在情绪上浅吟低唱，呈现温情的一面，歌曲由毛不易主唱。MV 以主人公毕业为起点，描画他的生活，展示年轻人进入社会的状态，跌跌撞撞，起起伏伏，有抱怨、有气馁，但始终在坚持。在时间节点上，B 站选在了 5 月 20 日播出，在“520”这个浪漫的日子，为毕业提前预热。文案体现在歌词上，主题与内核仍然是围绕青年人，表达对未来的期许。《入海》描绘的几乎是每个人都会经历的过程，每个人也都会有自己的感受和理解，由争议而引发关注，同时也引起思考和讨论，完成了作为广告的“吸睛”任务。

《入海》的主角是毕业生，但换一个角度，其实也是在表达 B 站自己。B 站也渴望突破自身局限，再创辉煌，因而也如同刚毕业的青年人一样，面对瞬息万变的社会还是希望走出自己的理想之路。从品牌拟人化来看，B 站也想在竞争激烈的社会中闯荡出一片自己的天地，就像是一个跌跌撞撞走出校园的毕业生，终要走到该去的地方，这也是 B 站与年轻人的共情。

10.4　男女老少喜相逢

三部曲的终章《喜相逢》运用喜剧色彩描述了一位老年 UP 主的励志故事，并且以黑色幽默的手法直接宣传了 B 站品牌，是一个学习 App，借此阐释自身的品牌定位。

《喜相逢》的可贵之处在于，第一眼就判断是广告，但还是愿意看下去。以喜剧的手法、励志的情节，讲述了一位老年 UP 主，勤奋学习拍摄剪辑的故事，传达出了 B 站的品牌包容度。本来以关注年轻人为主的 B 站，却将视线转向了不同年龄段、不同职业的人，比如片中出现的张召忠、腾格尔、罗翔等，这群人在 B 站拥有众多粉丝、广受欢迎，广告表现出 B 站在新阶段不断扩展、包罗万象、接纳众生。数据显示，B 站 2022 年 1 月的 MAU（月活跃用户人数，Monthly Active User）突破 3 亿人，已成为惠及广大人群的专业兴趣爱好学习交流平台。《喜相逢》抓住了 B 站极大包容性的特点，并深入渲染，展现所有人可以在 B 站快乐相逢。不可否认的是，在 B 站包容的语境和氛围下，可以更容易地搭建起各圈层文化沟通的桥梁。

《后浪》《入海》《喜相逢》，三支广告一脉相承，用优秀创意触动了不同年龄段的广泛用户。广告取得了巨大成功，推动 B 站从小范围年轻圈子，不断向更大范围开拓突围。

10.5　热血少年节日宣言

2021 年五四青年节之际，B 站发布视频《我不想做这样的人》，再次引爆网络。来自全国各地的955名初中生，以“我不想做这样的人”为题书写作文，视频开始展示了部分初中生手写的作文，之后身着白衬衫的初中男生和女生站上演讲台，对着镜头演讲《我不想做这样的人》。汇总为5个观点：①不想做一个拿着锯子随时随地把人群锯成两半的人；②不想做一个浑身带刺的人；③不想做一个流水线上制造出来的人；④不想做一个隐身的人；⑤不想做一个油腻的人。演讲没有华丽的修辞，他们的话语平实、直白，但蕴含着少年对自我的期许、对社会的思考，以及对未来的展望。

广告通过初中生对内心底线的确认，传递出少年的赤子之心和对现实的思考、关怀与丰沛的责任感，激励青少年和未忘初心的其他观众成为善良而正直的人，发出自己的声音，选择自己的人生，体现着一种积极的情感诉求。层层推展，一声又一声“我不想做这样的人”，让B站想要传递的情感和价值观在观众心中“扎根”。同时，运用共鸣效应，让观众在高昂的情绪中反思自身的经历与价值追求，与广告情绪同频共振。最后，运用移情效应，表现少年蓬勃向上的激情与活力，以及期盼未来更美好的愿景，也将观众对价值观的认同转向对B站品牌的认同。

广告通过演讲台及其灯光效果和演讲者的表情变化，给观众强烈而有力的刺激，调动观众情绪，凸显励志主题。视频广告既宣传了B站品牌，也推动了观众关注新一代青年人，关注他们的自我期许及思考。

【品牌个性】青春，文艺，真情，创意

第 11 章　海底捞：亲人般的服务

若谈到中国公司情感文化管理中的佼佼者，很多人的第一反应就是海底捞。多年以来，海底捞一直是很多大公司的学习对象，据说华为要求公司高管体验海底捞的服务；雷军要求小米高管去体验海底捞，在服务上多向海底捞学习。

在谈到海底捞取得的成就时，创始人张勇说："能到今天主要还是幸运，硬要说有什么建议，就是好好做呗，别去东想西想的。因为有十个人去做同一件事情的时候，总有九个人中途会花心思去做别的事情，如果你认认真真把这一件事情做好，最后留下来的就是你。"

11.1　摸爬滚打学创业

1972 年出生于四川简阳的张勇，初中毕业后便在父母的安排下进了简阳一所技校学电焊，18 岁毕业后分配到了国营四川拖拉机厂当电焊工。但从小不安分的他，工作后就开始寻找做生意的机会，辞工后倒腾过违法的博彩机，也倒卖过汽油，还试着开过路边麻辣烫，结果钱要么亏掉了，要么被骗了。

就这么倒腾了好几轮之后，张勇发现做生意还是不能走捷径。他认识到，"我这样没有上过大学的人，没有背景、还不认命，只有一条路可以走，就是别怕辛苦，别怕伺候别人"。

1994 年，张勇跟 3 个朋友凑齐 8000 元钱，正正规规地开起了火锅店，从此有了"海底捞"。开店初期，几个人连炒料都不会，只好买本书，现学现卖，做出来的火锅味道很一般。在火锅遍地的四川，没有特色、味道一般，餐厅又凭什么生存下去呢？张勇认为，“想要生存下去，只能态度好点，客人要什么速度快点，有什么不满意多赔笑脸。”

为了留住客人，张勇帮人带孩子、拎包、擦鞋，无论客人有什么需要，都一一满足。客人抱怨喝酒伤了胃，他就熬一锅小米粥；客人夸奖辣椒酱好吃，就给带上几瓶，没想到这样几个月下来，头回客不断变成回头客，让张勇尝到了优化服务的甜头。从拎包送点心，到美甲递毛巾，再到哄娃看宠物……只有你想不到，没有海底捞做不到，网友们由此调侃道：“海底捞的服务员就差帮你付钱了。”

随着简阳的生意越做越好，张勇也萌生了走出去的想法，1999 年西安分店开张。但开局不顺，在西安头几个月接连亏损，眼看就要把之前辛苦积攒下来的老本赔个精光。危急关头，张勇果断要求合伙人撤资，委派得力助手杨丽娟全权负责，重拾海底捞的核心理念——服务高于一切！短短两个月，居然奇迹般地扭亏为盈。由此也验证了优质服务的重要性，任何情况都不可轻言放弃。其后，海底捞于 2002 年进入郑州，2004 年进军北京，2006 年打入上海，海底捞全国遍地开花。

11.2 顾客需求即命令

在低附加值的餐饮服务业，虽然家家都在喊“顾客至上”，但实际效果并不理想。而海底捞专注于每个服务细节，让每位顾客从进门到出门都体会到“五星级”的服务：停车有代客泊车，等位时有无限量免费水果、虾片、黄豆、豆浆、柠檬水提供，有免费擦鞋、美甲以及宽带上网，还有各种棋牌供大家娱乐；为了让顾客吃到更丰富的菜品，可点半份菜；怕火锅汤溅到身上，为顾客提供围裙；为长发顾客递上束发皮筋，为戴眼镜顾客送上擦眼镜布，为手机套上塑料袋，当饮料快喝光时服务员主动来续杯；洗手间也有专人为你按洗手液、递上擦手纸巾；要求多送一份水果或者多送一样菜品，服务员也会爽快答应。服务员不仅熟悉老顾客的名字，甚至记得一些人的生日以及结婚纪念日。

只要顾客有需求，海底捞就会做。比如，早几年被网友们热评的“火锅外卖”。2003 年“非典”期间，餐饮行业陷入低谷，营业额直线下降，往日宾客满座的火锅店变得冷冷清清。西安店的经理杨小丽思考：客人不能进店就餐，是否可以给客人送上门呢？随即登报发布了一条关于海底捞火锅外卖的消息。送火锅上门，这很新鲜，海底捞的订餐电话响个不停。

为了送货方便，海底捞将传统的煤气罐更换为轻便的电磁炉，前一天送餐，第二天再去取回电磁炉。这一做法当时还被“焦点访谈”栏目作为餐饮业在“非典”时期的重大创新进行了专题报道。

服务员“五星级”的体贴服务使得每位顾客在内心深处感到欠了海底捞的感情债，以至变成回头客和忠诚顾客，越来越多的客人心甘情愿为海底捞打广告，网友通过微博、知乎、抖音等社媒平台不断帮海底捞免费做宣传，一点风吹草动都能引得全网围观。对此，张勇多次骄傲地表示“我们的营销费用为 0！”

11.3　人性管理稳人心

海底捞的服务员很多都是经人介绍过来的：老乡、朋友、亲戚甚至是家人……这种招聘方式在很多人看来简直是匪夷所思。

餐饮业属于劳动密集型行业，来就餐的顾客是人，管理的员工是人，所以一定要贯彻以人为本。只有员工对企业产生认同感和归属感，才会真正快乐地工作，用心做事，然后再透过他们去传递海底捞的价值理念。试想你可以和亲朋好友一起工作，是不是很开心？这种快乐的情绪对身边的人都是具有感染力的。

海底捞为员工租住的房子全部是正式住宅小区的两居室、三居室，而非地下室，空调、浴室、电视、电脑一应俱全，可以免费上网，步行 20 分钟内到工作地点。工作服是 100 元一套的好衣服，鞋子也是名牌——李宁，还有专人负责保洁；如果员工是夫妻，则考虑给单独房间……光是员工的住宿费用，一个门店一年就要花掉 50 万元人民币。

公司在四川简阳建立了海底捞寄宿学校，为员工解决子女教育问题。为了激励员工的工作积极性，公司每个月会给大堂经理、店长以上干部、优秀员工的父母寄几百元钱，这些农村老人大多没有养老保险，这笔钱就相当于给他们发保险金了，因此他们会一再叮嘱孩子在海底捞好好干。海底捞还设立了专项基金，每年会拨 100 万元用于治疗员工和员工直系亲属的重大疾病。虽然这样的福利和员工激励制度让海底捞的利润率缩水很多，但张勇觉得这些钱花得值。

图 11–1　海底捞热闹的店面

提升服务水准的关键不是培训，而是创造让员工愿意留下来的工作环境。海底捞管理层意识到：要想让顾客满意必须先让员工满意，让员工首先感到幸福和自由，再通过员工让顾客感到幸福。客人的需求五花八门，用流程和制度培训出来的服务员最多只能算及格。海底捞的每位员工是真心实意地为顾客服务，而这份真诚，则是源于管理层没有将员工当外人。张勇认为："人心都是肉长的，你对人家好，人家也就对你好；只要想办法让员工把公司当成家，员工就会把心放在顾客身上。"

要让员工主动服务，还必须信任他们、给他们放权。海底捞的普通服务员都有免单权，只要员工认为有必要，都可以给客人免费送一些菜，甚至免掉一餐的费用。要让员工感到幸福，不仅要提供好的物质待遇，还要有公平公正的工作环境。海底捞几乎所有的高管都是服务员出身，如果做到功勋员工，工资收入只比店长少一点。海底捞还鼓励员工创新，很多富有创意的服务项目都是由员工设计出来的，因为他们离顾客最近。海底捞能够让员工发挥自己的特长，从而在工作中获得乐趣，使工作变得更有价值。

11.4　公平氛围留人心

加入海底捞的员工，前 3 个月流动率会比较高，因为生意太好了，确实太累了，3 个月到一年之内流动率会有所降低，等过了一年就比较稳定了，能做到门店经理就非常稳定了。海底捞员工的薪酬水平在行业内属于中等偏上，但有很完善的晋升机制，层层提拔，这才是最吸引他们的。

海底捞的员工有很多级别，有合格、优秀、标兵、劳模等；还有一个晋升的机制，只要干得好，就可以慢慢获得晋升。海底捞的很多店长、小区经理都来自企业底层，很少有空降的。海底捞提拔干部的一个重要的原则是看这个人是不是与人为善。管理层会告诉新进员工，只要好好干，一定会得到提拔。每个人都有理想，虽然大多数海底捞员工来自农村、学历也不高，但他们一样渴望得到一份有前途的工作，希望和城市居民一样舒适体面地生活，他们也愿意为追逐梦想而努力，用双手改变命运。

老板会给中层这样讲：前两天你还是一个民工，现在你做店长了，甚至做小区经理了，还给你配了车。你改变了命运，现在你手下这些员工，他们还没有改变，你的今天就是他们的明天。你该不该把他们带起来？将心比心，这些道理他们就很容易接受。而且下面的员工也会努力，因为他们看到了自己的未来。

管理层要让员工相信：海底捞这个平台是能够帮助他们实现梦想的。只要个人肯努力，学历、背景这些都不是问题。海底捞情感营销的背后是企业的人性化管理，堪称劳动密集型企业尊重和信任员工的典范，善待并尊重员工，让他们有归属感，以一种“老板心态”而非“打工者心态”来工作。企业成员之间的信任和尊重，营造了愉快舒心的企业文化，促使员工变“要我干”为“我要干”，变被动工作为主动工作，充满热情、努力让顾客满意的员工成为难以模仿的海底捞的核心优势，成就了网络笑谈中的“地球人已经无法阻止海底捞”式的优质服务。

11.5 开疆拓土遇挑战

2018 年 5 月 17 日，海底捞在港交所递交上市申请。同年 9 月 19 日，海底捞确定最终发行价，每股 17.8 港元。同年 9 月 26 日，海底捞正式登陆资本市场。在张勇的带领下，海底捞靠着服务火遍大江南北，顶峰时期，其门店数量高达 1597 家，除国内之外，还分布在新加坡、越南、韩国、日本、英国等地。

2020 年春节，新冠疫情来袭，餐饮行业由于聚集性的特点，受到巨大的冲击。但张勇却在当年 6 月提出了“疫情将于 3 个月内结束”的判断，并启动了海底捞逆市扩张的策略。2020 年新开门店 544 家，2021 年上半年新增 299 家。疯狂扩张导致海底捞急缺优秀的服务人才，门店服务很难跟上，海底捞服务质量差的新闻经常登上热搜。

疫情没有如期结束，残酷的现实给了张勇当头一棒。度过了漫长的 2020 年后，餐饮业仍处于低迷状态，海底捞的翻台率一路下滑，2019 年、2020 年及 2021 年的翻台率分别为 4.8 次 / 天、3.6 次 / 天和 3 次 / 天。

受疫情影响，海底捞不得不在 2021 年底开展“啄木鸟”计划，关店 300 家，快速扩展戛然而止。海底捞 2021 年一举亏损 41.61 亿元，几乎相当于海底捞上市以来的盈利总和。

2023 年 3 月，海底捞发出公告，称创始人张勇将卸任首席执行官职务，由原副首席执行官兼首席运营官杨利娟接班。期待海底捞尽快走出低谷，带领中国餐饮业迎来发展、走向海外。

【品牌个性】真诚，热心，温暖，敬业

第 12 章　零售旗帜“胖东来”

“胖东来”这个名字，是全国各地商超百货老板们心目中的行业传奇。挤走家乐福，赶跑沃尔玛，打败世纪华联和丹尼斯，胖东来在区域内一骑绝尘。截至目前，胖东来仅在许昌、新乡两地就布局门店共计 13 家（综合型商场 8 家、1 家大型服饰专业卖场、4 家中型社区超市）。有数据显示，胖东来市场份额已占到许昌、新乡商超市场份额的 60% 以上。

在当地，消费者也为之疯狂。胖东来无论什么时候开店，在哪里开店都不缺顾客。2015 年新乡胖东来因租约问题撤店，新乡市民含泪挽留。2016 年重新开业 1 小时因人气爆棚不得不暂停营业，创始人于东来亲自关门谢客。

胖东来无疑是成功的，前去考察学习的人“一大巴一大巴地接送”，马云认为它是中国企业的一面旗帜。胖东来像一本被打开的经书，线下欢迎参观拍照，线上连专业知识、实操标准、规章制度都在官网上写得明明白白，就怕行业学不会。

12.1　创始人创业顿悟

于东来 1966 年出生在河南许昌的普通工人家庭，文化程度不高，先后卖过冰棍、水果、电影票，也当过工人，经历过下岗。后来他跑出去做生意，几经沉浮，数度失败。

但于东来很坚韧，屡败屡战。1992 年他被假烟贩骗了钱，背了很多债，甚至后面还进过班房。1995 年于东来意识到，投机不会有好的发展，决心真诚经商。他向哥哥借了 1 万元钱，开了一家不到 40 平方米的糖烟酒小店，名字就叫望月楼胖子店。

20 世纪 90 年代中期，国内假冒伪劣产品泛滥成风，因为自己被假货坑惨了，加之对老百姓生活的真实体悟，因此于东来承诺绝不贩卖假货，“真品换真心”，真诚待客，想不到第一年就赚了 80 万元，这是于东来人生的第一个转折点。

1997 年，于东来把胖子店扩大为胖东来烟酒公司。这家店的服务理念换成了“真品换真心，不满意就退货”，于东来还制定了一个比较大的企业发展目标，叫“创中国名店，做许昌典范”。

但 1998 年一场大火突如其来，因为当地无业游民与店员争吵导致了前者报复性纵火，价值 300 万元的店面化为灰烬，同时带走了 8 条鲜活的生命。

这是于东来人生的至暗时刻，他想：为什么我的员工会跟顾客争吵？为什么城镇会有这么多无业游民？为什么这个社会的戾气这么重？为什么人与人之间缺少关爱？这件事让于东来陷入深深的痛苦和自责之中。

经历这次磨难后，于东来的企业家精神开始真正被唤醒，社会责任的意识也开始萌发。1999 年以前，他跟大家一样，只是为了生存；但是从那一刻开始，他想要做一个伟大的人。“每个人的心中都有爱，有善良，期待被关怀，渴望幸福。我要让所有到我店的人，无论是顾客还是员工都感受到人与人之间的关爱”。

此时，于东来想成为一个好商人，这是他人生的第二个转折点。

12.2 开新局“利他经营”

借助中国零售市场的发展红利，从一家不起眼的烟酒公司转型为现代化的零售集团，标志性事件就是 2002 年开设胖东来生活广场。之后，胖东来在新乡、许昌接连扩张，并连续击败国内外的零售业巨头，而且运营管理上也开始精细化、标准化、系统化。

然而，就在一切看起来顺风顺水之时，于东来却选择了大面积关店，甚至关掉一些盈利中的主力店。为什么会这样呢？实际上，于东来陷入一种苦恼：为什么公司就一定要做大、一定要上市？如果这个公司没有给顾客创造高质量的服务，员工没有在这个工作中找到快乐而是增加了负担，难道不应该关掉吗？

于东来对企业的认知同他人是不一样的，他把企业比作人，比作人的活动，比作人的活动关系组成的系统。

这种认知一方面来自他对过往行为的反思，之前他认为开店就是一种投机行为，什么赚钱就去做什么，急功近利。但他后来深刻认识到，一家公司其实从单一业态到多种业态是需要很长时间的，但是胖东来扩张得有点快，所以服务不达标、顾客投诉多，而这样的工作更是在浪费员工的青春。他认为早期盲目发展所带来的苦果，需要改变。

于东来爱员工和顾客，他说零售业基层员工的休息权长期被忽视，他们也应该拥有完整的生活。于东来说："我想昭告天下的是一种生命的状态和生活的态度，我们太贪婪了，我们走得太快了。我想通过关店表达这样一个理念——我们要少一点，走慢一点，让灵魂能跟上我们前行的脚步，这才是人生！"

他认为"永远不要让责任和欲望大于自己的能力"，于东来已经把胖东来当作一个生命，当作自己的孩子。有了这样的认知，所以深思熟虑之后，他有了自己的增长战略，总结为以下 3 点：①据点式作战，坚守本土，不搞扩张；②修炼式经营，坚持完善自己，完善软硬件；③内生式增长，提升单店人效和坪效，即便关店收缩，仍然保持每年 15% 的增长率。

与此对应的是于东来在战略方面的 3 点思考：①摒弃贪婪，要时刻保持清醒的头脑；②控制欲望，警惕自我膨胀；③夯实基础，避免急功近利。

12.3　用真情服务顾客

用丰富的商品、合理的价格、温馨的环境以及完善的服务形成合力，来提高顾客的满意度。

丰富的商品就是满足保障性的功能消费的同时又引领时尚生活。做到人无我有，人有我优，品类齐全，价格分段，把握品质。胖东来在2004年加入了国际自愿连锁采购联盟（IFA），并且联合了河南当地的几家企业成立了四方联采，所以降低了采购成本的同时，也很好地把握了品质。

先质优再价廉。只关注排名前三、前五的优质品牌，品质得到保证后再考虑性价比。胖东来还设置了急购热线。顾客到胖东来购买商品能看到这样的温馨提示："因为陈列位置有限，如果您在商场购买不到所需的商品，可以留下您的联系方式，我们将单独为您采购。"

在商品品质、价格等零售基本要素上，胖东来也有一套非常严格的操作标准和客诉机制。2021年胖东来在业内率先做出了承诺，只赚20%。为此，调整了部分货架商品的价签，标上了成本价、产品产地、进货商电话等。

生鲜、熟食不易保存，从对这类商品的折价标准上，也能感受到胖东来对品质、价格的态度。官网上超市部蔬菜封装员操作标准显示：库存量大的商品要及时上报上级主管，填写折价清单；符合折价标准的商品要根据客流量、库存、商品价值制定折价率，蔬菜类食品一般折价率不能低于5折，熟食商品折价率不低于8折，当日折价商品不允许二次折价销售。

此外，胖东来会每天安排专人负责折价商品的销售并进行排查或试吃，确保商品质量，销售人员要及时提醒顾客"折价商品属于日清商品，请根据个人需求合理选购"。

为什么胖东来不做促销？其实还是在倡导理性消费。胖东来杜绝暴利产品，严控商品毛利率，希望培养顾客正确的消费理念。同时把自己商品的进价和销售价标在一起，比如西瓜的进货价是1.9元、售卖价是1.99元。

专业的批量直采。胖东来除了加入采购联盟之外，还建立了自己的直采体系，采用买手制采购，并构建了自有的品牌体系。目前，胖东来生鲜熟食基本上已经达到了60%以上的自采率，将来这个部分会达到80%，进一步降低采购的成本。

温馨的环境。虽然许昌是四线城市，但顾客到胖东来会感觉特别有国际范儿。因为人性化的卖场设计，客户可以在宽阔的空间逛得很舒服，整

共享财务数据、数据资源，每月召开业务交流会。

于东来创造性地提出了“能干会玩”的理念。他说，玩是人的天性，能干会玩是一种生命的平衡，也是生命质量的提升。胖东来有一整套“玩”的机制保障：

一是时间上保障。实行半班制、两人一组轮换、每周二休息、延长春节假期，其实就是让员工回家陪父母、陪小孩。2014 年胖东来给每位员工额外又增加一个月的年休假，到现在为止员工每年有接近 90 天的休假期。于东来还不满足，他想未来要做到每年给员工 150 天的休假期。

二是设施保障。胖东来每家店都有员工的健康娱乐中心，时代广场店甚至花 600 万元请了诚品书店的设计师专门给员工打造了图书室，此外还有设施齐全的员工健身区、豪华的休息区等。

三是组织机制保障。胖东来人力资源旗下有一个宣教部，专门负责组织员工的各项文化娱乐活动。它甚至比一线运营部门的权限还要高，而且还有资金保障，该花的钱只要使用合理，就绝不抠门儿，这是胖东来组织机制的保障。

所以，“玩”就变成了胖东来人性化管理的有趣组成部分，实际上只有通过玩，员工才能愉悦身心，每天才有饱满的精神、充沛的热情来服务顾客。这种玩不仅能拉近人与人之间的距离，而且使员工更加懂得生命的价值和意义，不断提高认知，从而带动顾客的认知提高。

“能干会玩”的提出，是因为于东来把员工当作完整意义上的人，而不再是单纯的工作人。如果说胖东来人性化的管理能够培养出员工的高素质，那么“能干会玩”真正造就了员工的幸福感，从而成就了这样一家非凡的公司。

从某个程度讲，胖东来不但提升了许昌和新乡两地百姓的幸福指数，而且厚植了整个城市的精神，提升了市民的素质，甚至已经成为当地的精神文化地标，营造了和谐发展的小型社会。

胖东来的核心理念是用爱经营，首先用爱来对待员工，让员工感受到幸福。接着员工会把这份爱传递给顾客，最终顾客会获得幸福感。

12.6 关注在“完整的人”

胖东来坚持用爱对待商品、对待员工、对待顾客。坚持“从爱出发”做经营，秉持在不利用他人、不伤害他人、不违背善良的基础上，做自己喜欢做的事。胖东来也许不是规模最大的企业，但一定是最快乐的企业。

多年前的那场大火，让于东来感受到困惑和痛苦。他用整整 20 年，用“爱心”潜移默化改变了社区乃至整个城市的文化风貌……这是一种精气神的传递。进入许昌，你就会发现，从住的酒店到坐的士，服务质量及细节都做得非常到位。

于东来虽然从未上过富豪榜，但是他喜欢捐款，地震救灾、非典、新冠从未缺席。另外，于东来认为自己开超市会扰民，为请大家多担待，附近居民的水电费他全包了。

于东来给新店选址，还会按照自己的经营水准去考核周边的酒店、餐饮等业态。要是觉得对方服务不到位，他会派出胖东来的团队去给人家培训，把整个社区的服务水准拉齐。

在胖东来附近有一家酒店叫瑞贝卡，环境好，服务好。他们的答案是：是向胖东来学习的。同时胖东来积极履行社会责任，主动奉行社会主流价值观，参与慈善和救灾，并且把纳税额作为企业的第一经营指标。

2020 年，胖东来对外宣布：“疫情期间，蔬菜按进价销售。”胖东来的独特之处在于，创始人不愿企业做大做强，不仅对竞争同行完全不设防，而且“欢迎拍照”，主动把自己的心得、经验、制度毫无保留地公布出来，这一点也很违反共识。

多数时刻出现在公众面前的于东来，厚道、亲和，热衷分享文化理念，自由、爱、幸福、生活是他讲话的高频词，艺术、哲学是他的终极追求。

【品牌个性】奉献，热情，温暖，专业

参考文献

[1] 道格拉斯・霍尔特 . 品牌如何成为偶像——文化式品牌塑造的原理 [M]. 胡雍丰，孔辛，译 . 北京：商务印书馆，2010.

[2] 斯科特・贝德伯里 . 品牌新世界 [M]. 北京：中信出版社，2004.

[3] 张计划 . 好品牌要有精气神 [M]. 北京：中国政法大学出版社，2012.

[4] 片平秀贵 . 品牌本质是发现梦想 [M]. 林燕燕，译 . 上海：东方出版社，2007.

[5] 肯・西格尔 . 苹果故事：乔布斯的简洁之道 [M]. 北京：中国人民大学出版社，2017.

[6] 兰涛 . 华为智慧——转型与关键时刻的战略抉择 [M]. 北京：人民邮电出版社，2020.

[7] 王慧中 . 胖东来，你要怎么学？ [M]. 北京：科学出版社，2014.